为什么是华为

华为高效工作法

任正非锻造18万员工超强执行力的秘诀

程东升 编著

HUAWEI

海天出版社
· 深 圳 ·

图书在版编目（CIP）数据

华为高效工作法 ： 任正非锻造18万员工超强执行力的秘诀 / 程东升编著. — 深圳 ： 海天出版社，2019.6
（为什么是华为）
ISBN 978-7-5507-2630-7

Ⅰ. ①华… Ⅱ. ①程… Ⅲ. ①通信－邮电企业－职工－工作方法－深圳 Ⅳ. ①F632.765.3

中国版本图书馆CIP数据核字(2019)第059063号

华为高效工作法：任正非锻造18万员工超强执行力的秘诀

HUAWEI GAOXIAO GONGZUOFA:REN ZHENGFEI DUANZAO 18 WAN YUANGONG CHAOQIANG ZHIXINGLI DE MIJUE

出 品 人　聂雄前
策　　划　CEO书院
执行策划　许全军
责任编辑　熊　星　朱丽伟
责任校对　何旭升
责任技编　郑　欢
装帧设计　知行格致

出版发行　海天出版社
地　　址　深圳市彩田南路海天综合大厦（518033）
网　　址　www.htph.com.cn
订购电话　0755-83460397（批发）　83460239（邮购）
设计制作　深圳市知行格致文化传播有限公司 Tel：0755-83464427
印　　刷　深圳市希望印务有限公司
开　　本　787mm×1092mm　1/16
印　　张　16.5
字　　数　220千字
版　　次　2019年6月第1版
印　　次　2019年6月第1次
定　　价　58.00元

前 言

企业文化是企业管理的最高境界

很多人问我，华为成功的核心因素是什么？

华为的成功，与技术、管理、人才等都密不可分，是各种因素综合作用的结果，但我更愿意将华为的成功与企业文化联系起来。

从某种程度上讲，华为的成功就是华为企业文化的成功。

有人曾经问任正非，华为的文化是什么？任正非说，华为文化什么也不是，五千年的中国文化也没有具体到什么，你的外婆一个字都不认识，她却天天在向你灌输中华文化。文化不是什么东西，但文化处处都在。

文化是一种高级的管理方式

在任正非看来，华为是一个功利集团，华为的一切都是围绕商业利益的。因此，华为文化的特征就是服务文化，因为只有服务才能换来商业利益。

华为的企业文化就是华为人的精神，华为人精神的核心是艰苦奋斗、实事求是。

任正非对华为的企业文化建设是十分重视的，他经常有意识地传播、修正华为的企业文化，以优秀的企业文化感召华为人、统一华为人的思想，华为的成功，企业文化的作用功不可没。

任正非曾经说："资源是会枯竭的，唯有文化才能生生不息。"这句名言已经成为众多企业家的座右铭。任正非在这里所说的企业文化，绝非狭隘的企业文化概念，绝非仅仅是指企业的价值观、员工所应遵守的做事原则和方法，而且是包括华为人的智慧在内的"泛文化"概念。任正非认为，有形的物质资源始终是有限的，而人类的创造力是无穷的，只有保持良好的创新精神，才能克服资源匮乏的困难，创造出一个个奇迹。

可以说，大量高科技人才和产品构成了华为的身躯，而丰富的企业文化内涵赋予了华为灵魂。华为公司能有今天的成就，跟其先进的企业文化是分不开的。与其说是华为创造了企业文化，还不如说是企业文化成就了华为。

任正非说："文化其实就是一种管理，是管理的高级形式。华为文化的特征就是服务文化，因为只有服务才能换来商业利益。一切工业产品都是人类智慧创造的。资源是会枯竭的，唯有文化才会生生不息。"

在任正非看来，企业文化说到底是为管理服务的，任何文化不能脱离管理的目的。文化是理念和思想层次上的管理。企业文化的发展必然遵从管理者的思想脉络而生生不息。管理者的管理思想通过文化这种形式，与下属员工沟通和交流，产生凝聚力和向心力，从而贯彻企业家的精神并实现企业家的抱负。

任正非一直在试图将模糊的企业文化，变成制度性的企业文化，因此，华为企业文化的形成过程就是制度建设的过程，华为企业文化的移植是价值准则的移植，是制度的移植。

任正非曾说："文化与管理的关系犹如土壤与庄稼的关系，文化是为华为公司的发展提供土壤，文化的使命是提供更肥沃、更疏松的土壤，管理是种庄稼，其使命是多打粮食。”

任正非认为，民主是产生在独裁基础之上的，没有独裁，民主不可能生长，民主不可能在无政府主义状态下生成。华为要实现民主管理，必须先经历长官管理阶段。

如果说长官管理代表独裁与“人治”，制度管理代表“法治”，那么文化管理则代表民主管理。当一个企业只需通过文化进行管理的时候，这个企业距离“无为而治”就不远了。

但是，当企业还没有达到只需文化管理的层次的时候，企业文化只能解决人们思想意识和行为上的统一问题，不能解决组织建设和业务流程之间关系和基本规律的问题。在这个阶段，企业文化对管理起到的是推进作用。

文化是永不枯竭的资源

著名领导力专家约翰·科特说过，成功的企业都有一种企业文化；而没有企业文化的公司，只能是那些长期以来不断失败，而且将继续失败的公司。

华为无疑是一家成功且伟大的公司，短短30多年便快速成长为世界信息与通信基础设施和智能终端领域的领军企业。华为的企业文化就是刻印在骨子里的那股狼性——华为人始终以此作为生存之本。华为CFO孟晚舟在2015年新年致辞中这样写道：

“2014年6月，ISIS发动了战争。旧乱未愈，新乱又至，在伊拉克那个枪炮就像鞭炮声一样惯常的国家，当地人为躲避战火都纷纷撤离。

伊拉克市场CFO江文生却提前结束休假赶回巴格达。代表处同事见到他时，惊讶地问：‘为什么这时还回来？’他笑着说：‘我赶回来陪你们一起害怕！’当人们尽力脱离危险环境时，华为员工却向相反的方向前进，华为财经人再次微笑着迎接挑战。”

在整篇新年致辞中，孟晚舟深情地回忆了华为人在过去一年中的种种艰辛和努力。正如她在致辞中总结道：“奋斗者，快乐；远行者，成长；艰难与困苦，我们共担；成功与收获，我们同庆；无论身在何处，请让我们举杯，为自己喝彩，为我们的团队喝彩！”面对财经记者的提问，孟晚舟坦言写这封致辞的初衷是想告诉大家华为就是这么一个努力奋斗、持续奋斗的群体。这便是华为的企业文化。其实任何成功的伟大企业无不如此，它们都有着自己的企业文化，并且生生不息。

任正非、孙亚芳等华为高层不止一次访问以色列。沙漠上的以色列是一个自然资源极其贫乏的国家，尤其是人类赖以生存的水资源严重匮乏，与周边国家的冲突很多时候都由争夺水资源而引起。就是在这样一个极端贫瘠、面积仅仅是中国一个中小城市大小、多灾多难的国土上，以色列人民建立起了一个经济富庶、科技发达的国家，其遗传工程、农业技术、电子、军火、钻石加工等方面的高科技成果闻名世界。

任正非对以色列人民的创造精神非常惊讶，他告诉华为人：

这个国家是我们学习的榜样，它说它什么都没有，只有一个脑袋。一个离散了20个世纪的犹太民族，在重返家园后，他们在资源严重贫乏、严重缺水的荒漠上创造了令人难以相信的奇迹。他们的资源就是有聪明的脑袋，他们是靠精神和文化的力量，创造了世界奇迹。

华为人与以色列人民有着相似之处。在创立之初，华为公司连有限的资源都没有，没有资金，没有技术，没有国有企业的背景。在极端艰苦的条件下，华为人发挥最大的创造力，克服物质匮乏的困难，艰苦奋斗十多年，奠定了华为的事业根基。华为人创业所遭受的苦难，只有华为人和自己的亲人才真正知道。任正非动情地说，华为人之间道一声“辛苦了！”就会使人泪如雨下，因为，只有华为人才真正地理解它的内涵。

走过最初的艰辛，华为人明白了“从来就没有什么救世主，也不靠神仙皇帝，全靠我们自己”。

人类所占有的物质资源是有限的，总有一天石油、煤炭、铁矿等资源都会开采光，而唯有知识会越积越多，唯有文化是永不枯竭的资源。

华为的企业文化是一种杂糅了中西方先进理念的综合体，源自中国但又超越了中国传统文化的局限。

本书的内容是华为打造独特企业文化所用到的部分素材，它虽然不能百分百反映华为的文化，但可以对华为的企业文化进行一些窥视。如您能从中获得一些启发，我们的工作就有价值了。

为了研究、落地华为的企业文化，协助很多企业建立、梳理自己的企业文化，我们还组建了一个华为文化学习专家团，欢迎大家联系我们。

我们的联系方式：

15013869070　18594061236

邮箱：593065428@qq.com

程东升

目 录

CONTENTS

第一章

CHAPTER 1

烧不死的鸟才是凤凰：华为的人才选拔与干部任用哲学

1. 德才兼备勇者胜

德高望重者为上

在猪圈里是生不出千里马的，要创造出让优秀者快速成长的环境。

华为公司选择干部有几个时期：从以德为主，逐渐走向德才兼备，到才德兼备，最终还是德高者才能进入高层。

俗语说：是骡子是马，遛遛便知。不让人上去试试，怎么知道哪个是“千里马”，怎么知道你品德好不好？华为公司初期主要是靠感觉来考评干部，但人的精力有限，靠感觉效率太低，因此华为公司的大发展遇到了阻力。华为公司现在所具有的潜在的力量要远远大于它所表现出来的力量，这与我们人才没有得到充分发挥、整个运行机制没有完全理顺有关。我们过去把德放在非常重要的位置，比如说，物料部这些年为华为公司的发展做出了巨大的贡献，当年公司就是把那些最优秀的人、品德最好的人一个个往那里调，他们对公司的发展起到了不可磨灭的作用。但是现在物料采购员的招聘也在改革，就是要管理制度化。高薪是不能养廉的，必须靠制度来养廉。

我们在创建初期，非常重视德，因此造成公司的发展不够平衡。在公司进入发展壮大的准备时期，人才政策相应地由初期的以德为主转变为德才兼备，以德才来选拔干部。

当我们公司进入高速发展时期，我们应当以才德选拔干部。有才无德当然不行，但我们选拔人才时，首先看重是否有才干。我们给你百分之百的信任，让你放开去干，你干好了，就证明了你德很高；而不是先看中你的德，才给你一个工作，让你去做。有很多有才干的人，我们还没看清楚，就把这匹千里马关到猪圈里，猪圈里是不可能生出千里马的。所以一定要让他先跑，一定要让他去干，不给他提供这样一个充分发展的环境，是不能判别他在这种环境中是否经受得起考验的。所以，必须要把人放到实际环境中去锻炼、去改造、去加强修养。

才德兼备后，并不表示不再对德进行控制、考核了，而是先让你干，让你跑起来，然后再来确定你这匹千里马的情况。这样就给大家创造更多发展的机会，从机会实现过程来鉴别考核干部，最终，使之不断进入公司越来越高的层次。公司高层不是副总裁，也不一定要有行政职务，普通的工程师将来也有可能成为公司高层的核心组织成员。到20世纪末，我们的核心组织可能要有四五千人。大家要想进入这个核心，德肯定是第一位的。你没有德，肯定会被否定，这是个辩证过程。

每个人都要在实践中去发挥自己的才干，陶冶自己的情操，提高自己的道德水平，向更高层次冲击。你这次竞聘片区销售部经理，下次可能竞聘片区总经理，再继续向上竞聘，将来向更高层次发起冲击。每次竞聘都是对人生命运的一次挑战，都是一次前进。所以通过开展内部竞聘，能促成干部队伍整体素质的提高。竞聘者在台上讲演，台下的人也有收获。这种方式激活了内部整体干部素质的提高，也开创了不拘一格选人才的风气。

自我提升，永无止境

失败与成功蕴含着同样的成功要素，只要努力，上升的空间永远会向你敞开。

不能故步自封，要随时调整战略。

永远没有固定的对手，使用固定的方式和固定的产品同我们竞争。

这就迫使我们不可能有固定的职位，也迫使所有人都不能故步自封。对手调整了方位，我们也要相应调整战略，所以大家要永远努力。

要善于总结成功的经验，也要从失败中分析和提炼成功的要素。

总结成功的经验即是归纳，要善于从你自己的成功经验中总结。只有不断总结，才能有所发明，有所创造，有所前进。

失败过程中也蕴含了非常多的成功要素，不要因为失败就不再反思，要从失败中找出成功的要素，来促使自己尽快成熟。

还要互相帮助，共同奋斗。

群体的力量强于个人的力量。华为公司在用人问题上，最大的特点是承认自然领袖。你团结的人越多、帮助的人越多，大家就越拥护你，拥护你的人越多，你自然就成为领袖。你是三个人的领袖，你就是销售经理，你是二十多个人的领袖，你就是片区经理，你若能团结更多人，就能做更大的经理。要善于帮助别人、团结别人，带动这个队伍一起前进，这样华为公司的销售队伍就能形成一支雄师劲旅。只有整个公司的所有人员都努力去奋斗，努力去开拓市场，华为公司才能成功。

以归零的心态迎接新挑战

反常规的行为有时只是顺应现实需要。面对强大的对手，我们只有前进。

1996 年市场部集体辞职具有非比寻常的意义，虽然说递辞职报告的就那么几十个人，但是他们是整个市场部的光荣。在未来的年代，大家会越来越看得清楚这项举动的巨大成就。为什么市场部要集体辞职呢?

第一，以灵活机制应付强大的对手。

我们的对手足够强大，强大到我们还没有真正体会到。我们和竞争对手比，就像大象和老鼠相比。我们是老鼠，人家是大象。如果我们还要保守、还要僵化、还要故步自封，就像老鼠站在那里一动也不动，大象肯定一脚就把我们踩死了。但是如果老鼠很灵活，不断调整方位，一会儿爬到大象的背上，或者钻到大象鼻孔里，大象老踩不到，它就会受不了。我们必须要有灵活的运作机制和组织结构体系。

第二，抓好干部队伍，启动与国际接轨，它是个里程碑。

华为现在要走向规范化、制度化的管理，走向第二次创业。第一次创业和第二次创业有本质性区别，是一个企业从小到大必经的过程。当一个企业在初创阶段，企业家本人担负着多种角色，但是当进入二次创业时，大量的优秀人才进入企业，就要建立结构，建立制度，要程序化，要重新调整利益的分配格局，这样才能吸引更多的优秀人才到企业里来，成为企业的核心力量。企业进入二次创业时，创业者的能力、精力已不足以来处理他原来所承担的职能，这时候他就必须培养出职业化的管理阶层。一个企业达到股份化、国际化、集团化、多元化的目标，是进入二次创业的标志。二次创业是一个非常模糊的时期，目前来说，就是当公司发展到一定时期，我们需要非常多的干部，担任各项职务，分担一定的责任和压力。其实公司去年就已开始了组织改革，口号是“分责、分权”。目前公司存在的矛盾是多中心造成的。其实这种中心运作方式的出现，本身就预计了第二次创业的开始。这样的运作方式需要大量的优秀干部。市场部的集体辞职，行动是次要的，精神是主要的，它是启动与国际接轨的里程碑；它推动了公司干部大调整的行动，使人们不会感到精神上的失落；它把本来可能产生的阻碍因素转化为动力。由于市场部的启动，全公司每个部门都在自觉不自觉地启动。没有干部的国际接轨，没有组织的国际接轨，所有国际接轨都是假的，都是不可能实现的。干部能上能下是正常的，下去的干部不见得将来就上不来，也不见得上来的就能升得更高。没有基层工作经验的人不能做科级干部，没有周边工作实际经验的人不能做部门经理。一定要不断深入到实践中去，在实践中寻找新的线索和发展。只有实践才能全面检验真理。

要加强干部流动，只有流动才能全面提高自己的综合能力和管理能力。不流动，就吸收不了别人的优点；不锻炼，你就没有综合能力和管理能力。市场部的人要尽快把前方的老员工召回来进行正规训练，同时也要把市场部的干部分流到机关、各个部门去，把市场部的昂扬精神状态带到整个机关建设中去。机关中有些干部也可能要上前线，亲自到实战中去锻炼提高。

中国是一定要发展的，但同时中国的发展一定是会受到遏制的。发展，就是要争夺市场。中国要发展，不仅要抢占国内市场，也需要国际市场。国际市场本来就是别人的，如果我们不足够强大，像华为这样的公司要被消灭是极其容易的。我们现在和将来所面临的艰难困苦非常巨大，因此必须要壮大队伍，21 世纪肯定是信息产业大爆炸的时代，市场部的集体辞职为我们提供了重要的发展契机，它的影响不仅涵盖了华为，更营造了华为公司良好的环境。那次集体辞职，我们的目标是改革内部，使我们自己更强大，但我们得到的结果，却使我们的市场好做多了。有人不理解华为这种反常规的行为，其实这是生存所迫。创业当初，我们是幼稚无知地走上这条路，没想到这条路走得这么曲折艰辛。华为公司如果在两年前就停止发展，那我们今天就是收拾残局、准备破产的局面。我们今天若停止发展，两年后也会是这种局面，我们的对手实力太强大，除了进步，我们已无路可走。

这次正在进行或已初步完成的组织改革、工资改革，最重要的目的就是使人人都不能做懒汉，否则我们的改革就是失败的。人人都没有危机感，人人都可以坐在那里等待，那么这个公司肯定会走向失败。

市场部给公司带了好头，但是一定不能骄傲，一定要尊重别的部门，别的部门也很伟大，也很辛苦，他们也为公司的发展付出了非常大的代价，而且有很多人是无名英雄。现在，市场的概念已从狭义变成广义，全公司都以市场为中心。整体的前进是时代对我们的需要，我们要努力适应时代的发展、适应潮流的发展。

下一步，各产品部、各系统部、商务部、用服中心有关岗位甚至片区总经理岗位还要继续开放，市场部的机会是很多的。而且今后还要加强海外部力量，特别是用服中心，要加紧培训储备一大批队伍，将来派到海外去。今年年底公司要完成市场部的全部整改工作，各级干部要赶快就位，为推动公司的全面发展，为以后走向制度化打下坚实基础。

（根据任正非在1996年市场部内部竞聘现场答辩会上的讲话整理）

2. 责任心与“1.0 版”

“如果把 SDH[①] 产品比作一个人的身体，那么时钟板就犹如脉搏监视器，监视、看护着心脏跳动是否有力、是否健康。有了它，整个系统才得以同步，才得以稳定地运作。”

初次见面，戴着厚厚眼镜的杨岳峰用了这样一个形象的比喻，大致描述了他的工作和 SDH 产品的关系，使我这个不懂技术的门外汉，对时钟板在感性上一下子有了一定的了解，我们初次见面的距离也一下子拉近了许多。于是，慢慢地，我也就知道了更多关于 SDH 时钟板和他的故事。

“让我来试一试”

对 SDH 产品了解的行家，都知道时钟板是 SDH 产品中的一个“小板子”，比起光模块来说，它并不是 SDH 产品的核心。但是，就是这样的一个“小板子”，却让几批传输人伤透了脑筋。每一批人都认为它原理很简单，技术含量不怎么高，但每次做出来后运行效果总是不理想，市场上接二连三的问题都与这个板子有或多或少的关系。而这时，我们的工程师却早已转向了更“重要”、更能见“挑战性”的模块开发中去了。于

① SDH（Synchronous Digital Hierarchy，同步数字体系）是不同速度的数位信号的传输提供相应等级的信息结构，包括复用方法和映射方法，以及相关的同步方法组成的一个技术体制。中国移动、电信、联通、广电等电信运营商都已经大规模建设了基于 SDH 的骨干光传输网络。

是，一块所谓的“小板子”就这样成了华为市场表现的一块心病。

1996 年 7 月，华南理工大学刚毕业的硕士杨岳峰，来到了华为。在得知这一情况后，找到有关领导说“让我来试一试”。

“于是，我就上了‘贼船’，下不来了！”回想起当年主动请命时的情景，杨岳峰这样诙谐地说。

小模块里磨出大文章

接下来的 200 个日日夜夜，杨岳峰披星戴月，基本上是以实验室为家。

开始，他和一个同事一块儿做，他主要负责硬件，同事做软件。后来，那位同事由于另有安排，调任其他项目组，时钟板项目就只剩下杨岳峰一个人。

“杨岳峰，干脆软件、硬件你一起做。”领导对工作重新做了安排。面对这种缺兵少将的状况，杨岳峰听到领导的安排，没有任何怨言。他开始软件、硬件一肩挑。于是，他变得更忙了，室友说他早出晚归甚至彻夜不归，一个月见不到几面；同事说，他变黑了、变瘦了……他自己说，既然做了，就要负责到底。

半年之后，他如期完成时钟板项目，并顺利通过了各项测试。接着，他又对其做了进一步的优化。该时钟板投入市场后，以前因时钟板引起的问题大大减少，SDH 产品在网上的稳定性相应提高了许多。回顾起那段经历，杨岳峰认为自己最大的收获是对“什么是做产品”有了深刻的认识。“比如做硬件，不是简单的系统集成，而是对你使用的任何一个芯片，都必须深入地加以了解，考虑它的特性、它的运用环境等等，这样才是认真地做产品。”

至今，杨岳峰开发的时钟板在网上运行稳定，可贵的是依旧是当时的 1.0 版。

用责任心去达到一种境界

为什么曾经有这么多的人做时钟板，效果却不理想？我们共同讨论这一问题的时候，杨岳峰谈了自己的看法：关键是没有用责任心去达到一种境界。

“不管别人怎么样，我要从我自己做起，从我的项目组做起。”杨岳峰是这样说的，也是这样做的。

在他的上衣口袋里塞满了记载项目开发中出现的问题和备忘的纸条。借助这些纸条，他对每个项目组成员的工作进行督促，一块儿去攻关，不放过任何细小的问题。他鼓励每个人大胆地去做，但强调出现问题是共同的责任，要共同解决。他强调要弄懂每个器件，每个芯片，他强调修改每一行程序，都必须进行回归测试……

“看到一批有责任感的、做实任务的新人能成长起来，这是我最快乐的事情！”采访快结束时，杨岳峰这样吐露心声。

的确，没有责任心，就会将时钟板看成一个小板，就会因为它不是核心的东西，感到做它没有成就感。如果责任心强一些，真正从做产品的角度去理解，就知道这块小板的重要性。国内的时钟板技术其实非常落后，我们有最先进的做时钟板的原材料出口，却要引进国外的制作技术。

“美国的导弹为什么打得那么准，与其先进的时钟板技术是分不开的。为什么会看轻这么重要的事情？！”这位湖南小伙子有些激动地指出，“还是一个做产品的责任心问题。”

杨岳峰的说法，可谓一针见血。当前我们一些开发人员存在盲目的创新，热衷搞新功能，做产品要搞核心部分等问题，以及存在重技术、轻优化、轻维护等浮躁、幼稚、急功近利的情绪，这些不就是一个做产品的责任心问题吗？没有责任心，才会把自己的兴趣置于产品开发的整体利益之上；没有责任心，才会在开发中忽视小问题，任由其进入市场；没有责任心，才会不经分析验证，随便拿一个芯片来用……

访谈中，杨岳峰一再谈道：“不管你做哪一种产品，只要你用心去做，去达到一种境界，你就会体会到一种让人心情愉快的成就感。”

这到底是一种什么样的境界？他喜欢用“竞技”来比喻：就好像参加一场正规的比赛，你必须使足力气，取得最好的成绩。在我看来，他所追求的境界就是一种“最优化”（借用一个经济学的术语），把产品做得完美、成熟的“最优化”。也许正是在这种信念的支撑下，像他这样开发水平不低的人，才会去做别人眼里“没有价值感”的东西；也许正是在这种信念的支撑下，在开发中他谨慎小心、精益求精，一次性就拿出经得起市场考验的成熟的产品。

这种精神和信念，不正是我们的一些年轻研发人员所欠缺的吗？

杨岳峰的忧虑

跟他接触，无论从他谈话的思路，还是通过他分析问题的过程，我都觉得他非常清醒，这种感觉很强烈。这种清醒不仅表现在他深刻地剖析自己进华为做产品的思想历程中，更表现在他对华为目前存在的一些“缺少责任心，缺少踏踏实实的精神”等现象的深深忧虑中。

我们有些年轻人从学校出来太牛气，动辄要搞开发，要搞新东西，不愿做维护，不愿从最基层的事做起。

等到我们的年轻人真正去做开发了，又不愿意做细、做扎实，对别人指出的问题不是细致地改正，而是抱侥幸心理放过、再放过。

为什么我们做软件的没有结构图，为什么我们做硬件的不愿意分析芯片的特性及使用环境？

……

每每谈到这些，他的眼睛里就会流露出那种触及你心灵深处的忧虑，能唤起你的责任心、唤起你的忧患意识。

这不就是华为文化所提倡的一种责任感吗？！不正是一种“位卑未敢忘忧国”的主人翁的境界吗？

（选自 1998 年 12 月 25 日第 80 期《华为人》报，作者童国栋）

3. 制造华为的“时钟”

华为将通过 3 ~ 5 年的摸索，建立起一个良好的、有内部造血功能的运作机制，形成一种做正确的事的惯性。华为公司的真正希望在于，不依赖个别英雄人物推动车轮前进，因而它的发展也不受制于个别人物的局限。

美国管理学者詹姆斯·柯林斯和杰里·波拉斯在研究了 12 家世界著名的长盛不衰的公司后指出：“目光远大的公司领导人把较多的精力集中于建造一个长盛不衰的公司，而不是想方设法地使自己成为一个‘伟大的’领导人。他们不满足于只是希望告诉人们现在是什么时间，而是致力于制造一种使任何人都能知道现在是什么时间的时钟”，“他们不是用某种有远见的产品概念迎合市场，跟着某种有吸引力的产品的盛衰曲线走下去。他们不是集中精力去发现高瞻远瞩的领导人所具有的那种个人品质，而是像建筑师那样，全力以赴地构筑目光远大的公司的组织特色。”①

华为公司从诞生的那一刻起，就是一个富有勃勃生机的企业，然而毕竟中国的通信产业还很稚嫩，年轻的华为还很稚嫩，在未来的发展过程中，公司难免会遇到各种挫折。那么遇到困难的时候，甚至形势迫使华为必须作出重大抉择的时候，我们将依靠什么来支撑自己，支撑每一个希望自己的祖国繁荣昌盛的年轻的希望？是靠一两项先进的产品，是去寻找外界的支持，还是希望华为公司能够出现一位力挽狂澜的英雄？

---

① 詹姆斯·柯林斯曾获斯坦福大学商学院杰出教学奖，与杰里·波拉斯合著了《基业长青》一书，书中提出了他的主要管理思想。“造钟，而不是造时。”“造钟”就是建立一种机制，使得公司能靠组织的力量在市场中生存与发展，而不必依靠某个人、产品或机会等偶然的东西。

这些恐怕都不是真正的答案。生活告诉我们，把希望寄托在个别人的手里，与赌博无异，华为不需要也不能赌博。

什么才是支撑华为未来的希望？如果这希望还有，那么它必定只在我们自己的手里。任何有形的资源总会有枯竭的一天，能够使我们不断找到更新更好的资源的，唯有依靠我们不断进步的知识，依靠经过总结与升华的科学方法，依靠那些蕴藏在我们共同文化内核中的对世界对生活的正确认识。

在管理中从来就没有必定正确的东西，管理中到处充斥着各种各样的两难问题，如既要竞争又要合作、分散经营与一体化经营、高质量与低成本、分权与控制、民主与集中……然而这并不等于虚无。真实的世界从来都不是非此即彼的，就如华为文化中富有特色的“世上没有绝对的公平”一样。“对第一流心智的测试，就是要看它能否在同一时间内把握头脑里两种相反的思想，却仍然保持着继续进行活动的能力。”我们不可能再如以前在学堂里那样，期待着有一位先知来告诉我们，什么是正确，什么是错误，我们不可能再幻想着有什么现成且必定正确的答案。

在和公司外的人谈到公司的《基本法》时，很多人都把它单纯地想象成用来规范员工行为的一套法则与规定。这其实也是我刚开始的一种误解。现在想起来，这样的想法无异于仍是在期待着出现一套现成的答案，来告诉自己应该怎么去做，“你告诉我该怎么做，然后我就照着去做”，这是对管理和对人的嘲讽。

《基本法》的真正内涵我们几乎摸索了一年。《基本法》的真正意义就在于为华为公司、为全体华为人创造出一个良好的、有内部造血功能的、富有持久生命力的运作机制，创造出一个可以使华为公司再不用依靠个别人、个别事件，而能永远走向成功、走向胜利的运作机制，是要“摆脱对人才、资金和技术的依赖，真正从必然王国走向自由王国”。

而我也相信，在《基本法》中也并不会提供给我们什么必定正确的答案，就如同管理中的两难问题从来就不会有什么定论一样。但是，《基本法》也必定会蕴藏着指导我们行动的准则和机制，真正的文化很可能便是那些看起来摸不着猜不透，却无时不在影响着我们的生活、行为，影响着我们对事物的判断的东西。只要建立起一套共同的价值判断的文化准则和真正富有生命力的机制，再通过我们不断地实践，在实践中形成行为惯性，那么，华为公司的车轮也必定会滚滚向前。我们也必定能够适应各种各样的变化，再不用看着他人的眼色行事，再不用只有坐等领导的指示才能做事，因为在我们的头脑里已经有了一套能够产生良好的自我判断的机制，真正从“人治”走向“法治”。什么才是真正的安全？真正的安全不是因为有了一个好的上司，而是因为有了一套可以放心地施展自己才能的机制。我想，这应该是每一位华为人的共同理想。

华为公司能够发展到现在，靠的是集体奋斗。再幻想着出现一位青天大老爷，出现一位大能人，不能不说是一种悲哀，是对自己最大的懈怠和不负责任。

如果说华为公司将来能够成为世界一流公司，为全体中国人树立起一份真正的骄傲的话，那么，能够建立起一套使华为长盛不衰、克服任何艰难险阻的机制，才是我们真正的骄傲。我想，我们真正应该追求的并不单纯是世界第一流，而是建立起一套合理机制。这样未来才能掌握在我们每一个人的手里。

华为能够在世界上真正崛起，是每一位华为人的共同心愿。华为精神的实践者应该是一群人，是一群掌握着华为公司未来命运的真正的华为人；我们最希望看到的，不是华为公司现在正处在什么水平、将来会实现什么目标，而是华为公司有了一台走时准确、永远向前的“时钟”，有了这样的“时钟”，再高的目标都可以实现。比起创造世界第一这样的目标来，这才是全体华为人最大的心愿与自豪。

（选自1997年3月20日第46期《华为人》报，作者黄纯）

4. 烧不死的鸟才是凤凰

岁月匆匆，时光飞逝，又是一年。几乎是在相同的时间，相同的地点，我向大家作过同一主题、不同内容的汇报。我和大家曾一起经历了人生中十分难忘的时刻，市场部集体辞职的情景仍历历在目，那感人肺腑的表白还在耳边回响。这是一次向传统“官位”挑战的壮举，它意味着能上能下在市场部不是口号，而是实践。第一批具有良好心理素质的一线主管，勇敢地迈出了这一步。在这一年中先后有 30% 的主管，调整了岗位。今天，他们中间的许多人，有的重返前线指挥作战，有的做了更高一层主管，有的找到了更适合自己发展的岗位。这一年中，他们的路走得非常艰难，但他们毕竟挺过来了，烧不死的鸟是凤凰，他们在人生的自我否定中得到了升华。

挑战和压力，使我们作出了抉择

我们不敢“惊天地、泣鬼神”，我们也不敢“以官位赌明天”，但市场现状决定了集体请辞势在必行。

1996 年是华为公司要确立市场地位的关键一年，要摆脱在低层次的拼杀，我们只有虎口夺食，与早已占据市场的国际著名公司短兵相接。我们还不具备国际营销水平的队伍，就正面迎来了实力雄厚的国际著名公司。怀揣着哈佛大学文凭的职业管理者们，凭着几十年国际营销的经验，从战略营销到市场策划，早已瓜分了中国骨干网市场。

为了挤入市话市场，我们将面临更高层次的客户，他们有多年引进项目的经验和丰富的专业知识，他们是用国际营销市场这把尺子来要求我们。

我们面临了缺乏现代化指挥作战和产品多元化销售中业务指导问题，身先士卒、冲锋陷阵的领导模式已成为历史。

一些长期超负荷工作而耗尽了精力和体力的一线主管，也明显感到需要休整，尤其需要回公司补充管理方面的营养。

市场是不可变更的，环境是难以左右的。公司高层和市场部的干部，经过很长时间的思考，达成了共识：在巨大的压力和挑战面前，干部队伍的调整和再培养已势在必行，为了公司的利益和市场部的长远发展，我们集体接受挑战！从心里讲，我们实在不敢“惊天地、泣鬼神”，我们也不敢“以官位赌明天”。在轰轰烈烈的集体辞职背后，有我们冷静的思考。

思索，使我们醒悟

能上能下，并不是说说那么简单，但“官”的责任让我们不得不反思自身。拍脑袋的管理不是真正的管理。

“不想当将军的士兵，不是好士兵”。在市场部，这种观念更强烈。在市场部工作的主管，是以个人业绩为铺路石的，而其中每一颗石子，都凝聚着辛勤的汗水。我们非常珍惜公司对个人的信任，也希望有更高、更多的职位，为每个人提供更广阔的纵横空间，以实现个人职业生涯的辉煌。在“官本位”的传统观念下，“官”还有更多含义。芸芸大千世界，有相当多的人把它看得很重、很重。向亲朋说起“我刚辞去 ××”时，总比不上讲“我刚晋升为 ××”时洒脱，这也是人之常情。

能上能下，说起来容易，做起来难，说别人容易，对自己难。但当我们以更新的视角，走出“官”外，重新审视“官”时，不难发现，“官”不再是一种荣誉、一种权力象征，而是一种责任，当官才知责任大，它承担着公司赋予我们的不可推卸的历史使命。若为“上、下”而左思右想，左盼右顾，就显得太渺小了。华为公司既然已经有了“能上、能下”的观念，总要有人去实践、去兑现。位于公司一线的市场部，首先要迈出这一步。

集体辞职是一个从自我否定，到自我升华的契机，它使我们重新认识与提升自己。它逼着我们改造自己、丰富自己。

我们经常反思，当身处于管理者的位置时，本来就先天营养不良——专业大多与管理学无缘，而在激烈的市场竞争中，又不可能静下心来，向管理大师们请教，在管理学的圣殿面前如同无知的孩童。可以说，大多数人（也包括我自己）是不懂管理学的管理者，只好以边干边学作托词。我们日常的管理，大多凭着直觉和经验来行事，谈不上系统的管理和独具魅力的管理风格。想当然、拍脑袋的管理，称不上真正的管理。更何况国外的学者已经提出《第五项修炼》了，我们还浮在管理的水面上，是经不住风吹浪打的考验的。集体辞职实质是在向每一个管理者传递这种压力，提出这种要求：学习、学习、再学习；提高、提高、再提高，敢于否定自己，敢于挑战自己。

奋斗，使我们走向成熟

在跌跌撞撞中我们不断调整自身，才获得了愈加广阔的生存空间。我们有信心把市场部和华为管理这卷鸿篇巨制写好、写透、写实，至于署名，就写“华为人”好了。

市场部伴随着公司成长，经过了公关型—推销型—营销型—管理型的几次转变，公司对市场一线主管的要求也越来越严，在市场部工作多年的人还记得，1989 ~ 1992 年的主管要有维修技能，我们当时是以服务闯天下的；1993、1994 年的主管要有产品推广能力；1995、1996 年的主管要有营销策划能力；1997 年的主管要有综合管理能力。如今在市场部管理层的王诚、胡厚崑、张建国、惠椿、黄灿、李莉、庆龙等就是从优秀维修专家做起的。他们这一批老市场人员，在这几个转变中敢于开放自我，改造自我，在岗位的轮换中不断学习，从而走上了今天的管理岗位。1997 年以后的主管呢，又面临着从产品经营向资本经营过渡的挑战。

在一次又一次的转变中，我们开始成熟了。我们不再沉溺于公关型营销，虽然我们也曾热衷于它，但它只能在低层次竞争，永远做不大。我们也亲力而为，作为产品推销员也取得过不俗的业绩，但它毕竟是权宜之计，不能把握市场、运筹帷幄。今天我们孜孜以求的是管理型营销，它使队伍更加团结，士气更加高涨，目标更加清晰，组织更有效率，资源得到更有效的利用。

我们的心胸开阔，视野扩大了。不仅能够从各个角度观察市场、分析市场、把握市场，而且还能“冷眼看世界”，把战略眼光投向国外，更想把华为“产业报国”的大旗插到世界更多的地方。虽然我们不敢讲已经读懂了市场、读懂了人生、读懂了社会，但可以自信地说，我们较成熟了，我们不再幼稚，不再迷茫，不再盲从。虽然我们同过去一样，依然很忙、很累，但忙得有序，累得快乐；步履依然匆匆，但眼前有开阔的道路，有明确的目标，有了共同的理念和语言，有了整齐统一的步伐。

除此之外，我们还感到一丝轻松。公司《基本法》的产生、ISO9000 的真正实施，一系列建立在新理念上科学、先进、又体现华为灵魂的制度，规范着个人的行动，它为每个人提供了充分发挥能力的天地，活而不乱，控而不死。它教会每个人该干什么，应干什么，该什么时候干，如何干得更好，干完后如何考评与激励。我们挤出更多的时间，在整体层次上，思考经营、管理和战略问题，更多地思考未来，思考发展。这实际上比起以往身体的辛劳来，更累，但更有乐趣。每一次思考都是对管理的再认识，每一个新的认识，都牵引我们去改进和完成现实中的管理。在管理过程中，我们正逐步地抛弃单纯的感性管理，逐步地转入理性管理，在市场部将会涌现出一大批职业经理人。我们仍然敬仰管理大师的智慧，但不再做拙劣的模仿，我们应该也可能与他们对话，市场部的绝大部分人不会去著书立说，芳名远播，但他们有信心把市场部和华为管理这卷鸿篇巨制写好、写透、写实，至于署名，就写“华为人”好了。

反思，让我们充满了信心

客户对我们的信任是建立在公司的基础上，而不是依赖任何个人，这是我们的信心之本、力量之源。

市场部集体辞职后的一年中，确实给每一个人以冲击和震荡，其中的酸、甜、苦、辣很难一一道来，每个人都有一份新感受，每一天都有一种新认识。我们看重结果，更看重过程，这艰难一步，终于迈出去了，未来的路还很长、很长。

我从同伴的身上，读到了很多人生哲理。苏伟是在市场一线拼搏了四年的主任，调到公司的一年中，他先后在三个部门工作。说真的，每一次调整，我都在暗自为他担心，担心他能否战胜自我，能否适应新岗位。但从苏伟那张始终充满着信心的笑脸上，我服了，同时感到惭愧。相比之下，我要拜他为师，他不仅有良好的心理素质，而且在每个岗位都作出了成绩。前两天苏伟又乐呵呵地告诉我，他正在考试，今年准备利用业余时间攻读 MBA，跟上公司的发展，重返市场前线。这就是市场部的“普遍一官”。在市场部许许多多调换岗位的人，袁曦、罗宏、高直扬、徐小保等都是这样，敢于放下架子、放下面子，开放自我，重新设计自己，在新的岗位，施展自己的才华。

回顾这一年，还不能说成功，只是找到了成功之路，如果说还有一点点成绩的话，它归功于：

市场部高层是一个团结协作的班子，大家拥有共同的信念，那就是把市场做大。在这一目标上，大家就会不计个人得失，顶住压力，敢于冒风险，敢于承担责任。

华为文化在市场部的整体体现，从各级主管到一线推销员在华为文化的熏陶下，无私奉献、积极进取、努力开拓。一方水土，养一方人，华为肥沃的文化土壤培养了我们。全体市场人员以良好的心理素质，以坦荡的胸怀迎接了挑战，经受住了考验。

华为的整体形象已深深地植入用户的心中，客户对我们的信任是建立在公司的基础上，而不是依赖任何个人，这是我们的信心之本、力量之源。

我感谢每一位曾经或正在市场部工作的人，正是我们的相互理解、信任、支持和合作，才使这一过程能够比较顺利，结果让人满意。在这里还要特别对那些调整岗位的战友表示衷心的感谢。我们每个人不会忘记你们的壮举，华为也不会忘记你们。

同时我还要感谢我们的合作伙伴，我们的同行，我们的客户和公司员工的支持，你们的理解和关心给了我们信心和动力，驱使我们不断修正今天，挑战明天。

最值得一提的是要感谢市场部的全体家属们，是你们的理解和支持使市场人员全力以赴工作在市场一线。他们在工作中要担负责任和挑战压力，每天都要调整自己的心态，以良好的精神面貌出现在客人面前，还要接受领导和同事的督促；在家庭中他们扮演了不称职的丈夫、妻子或不孝顺的儿子、女儿的角色，远离亲人和超负荷的工作，使你们的家庭失去相伴的欢乐。他们的辛苦、劳累、委屈，只有到家里才能流露出来，是你们在分担他们的压力，给他们以安慰、鼓励和支持。全体华为人都会发自内心地感谢你们，你们的无私奉献支撑着市场部的发展，在华为的市场业绩中，你们功不可没。在春节到来之际，愿你们每一个家庭伸出热情的双手，迎接前方归来的亲人，并愿你们合家欢乐，共度佳节。

展望未来，市场部仍任重道远。过去成为历史，辉煌不代表今天，我们还需要继续耕耘，继续播种，收获的季节还没有到来，前途是光明的，道路是曲折的，我们将义不容辞地走向目标。未来还会有更多的艰难险阻，如果不加速腾飞，展翅的凤凰也会落地。我们已做好准备：再次选择烈火，再次承受炼狱，再次升华，再次腾飞，那时我们将做得更好。

（选自 1997 年 1 月 30 日第 42 期《华为人》报，作者孙亚芳）

5. 培训：通向华为明天的重要阶梯

1997、1998年是华为公司确立中国通信领域领导地位至关重要的两年。1999年日内瓦国际通信展将是华为进军世界的誓师大会，海外出口我们已经达到3亿～5亿美元。公司要大发展的时候，我们就要下决心打大决战。这样就要求我们一定要在做实上下功夫。我们管理还很落后，合格的管理干部还奇缺。我们有发展的潜力，关键是如何充分发挥出来。从这个意义上讲，培训工作很重要，它是贯彻公司战略意图、推动管理进步和培养干部的重要手段，是华为公司通向未来、通向明天的重要阶梯。

提高培训工作的地位

公司将把培训工作作为考核各级干部的重要指标之一，每个干部都应负有培训下级的责任。

我是非常重视培训工作的，并会积极去推动它。我们将成立6个有机联系在一起的干部部门，分别是：研究中试干部部、营销工程干部部、进出口干部部、电源工程干部部、生产管理干部部、企管工程干部部。将来各部门干部部的部长由各部门第二把手担任，培训工作将成为他们的一项非常重要的工作，这样培训工作推动起来就容易得多了。另外公司也将把培训工作作为考核各级干部的重要指标之一，每个干部都应负有培训下级的责任。将来公司要建立各类干部标准，对将要提拔的人进行资格审查。公司有了干部标准之后，大家自然就会重视培训。没有干部标准，就只能靠领导拍脑袋选拔干部。过去急需干部时，许多干部跑马上任，那是历史。历史是历史，将来要做资格审查，没有进行资格审查的干部要补资格审查。为什么以前没有培训，现在要培训，而且现在培训队伍还在壮大呢？是为了将来！因为我们的发展有了这方面的需要！例如将来想参加某部门经理职位的竞聘，大家首先对你进行资格审查，没经过相关培训，免谈！这样就使得你会主动去补上这一课，以便达到这一标准。通过这些措施，培训部门的地位就很高了，培训的作用和效果就能体现出来了。

多样化的培训形式

各个部门都有自己的特点，在培训中也要根据自身特点采用不同形式，达到最好的效果。

市场部前一段时间的培训工作，造了一定的势，有了一定的推动。但我认为市场部的培训工作还要务虚与务实相结合。中高层与基层培训的方式和内容不一样，市场横跨面太宽，它不像制造系统那样目标很明确，所以市场部总体目标不是很明确的，对人的目标也不是很明确，这样就不可能有众志成城的统一大纲和目标。所以市场部的培训工作至少应该分为两层，另外还应该注意启发人们学习。

中央研究部的案例培训是不错的，不管是市场部、中试部还是人力资源管理部都应该学习。案例培训将来是我们的一种高级培训方式。案例教学不要怕“刺刀见红”，这个案例说这样不行，那个案例说那样不行，这没有什么关系，它将被载入史册，并将会成为一段佳话，带到辉煌的明天。这些案例将来还会被好的大学拿去作教材，因为案例是从实践中产生的，而实践是最好的老师，因为它有血有肉。我们现在的培训是平面的，根本就没有经过验证。多次培训总合起来的效果是零，对基层员工不要搞这么多学派，基层员工没有足够的消化能力。哈佛大学的MBA很抢手，案例教学功不可没。大家对案例进行深入的讨论，很难有定论，有定论反而是不行的。通过讨论案例可以相互启发思维，以后到你去当老板的时候，你就知道该怎么干了。收集案例对各个部门来说，都是很重要的。要不断收集好案例，案例要敢“刺刀见红”。《华为人》报敢不敢“捅一捅”？《华为人》报不要尽说好话。我们现在已经强大了，应该经得起批评。当我们强大的时候，我们要利用批评的武器使我们更强大。所以案例涉及谁都不怕。如果他不愿意用真名，我们就用假名字；如果他愿意写真名，最好，那样他还可以去交流个人感受。我们自身的经历都是案例教学的好素材。

中央研究部开放式的讲座、“胡说八道”式的研讨会或讲座是一种启发创造性思维的培训，可能不适合采取教材的方式，学校的教学方法可能也不适合。中央研究部和中试部都要重视培训方法，中试部重视的是描述用统计和管理的方式对产品进行“面试”的方法，而你们是描述产品开发的方法。你们应该重视的都是方法论，但是侧重点不同，中试部是一把“大筛子”，你们是一把“小刀子”。

中央研究部要特别重视企业文化建设。中央研究部的劳动个人化与工作必须群体化之间是有矛盾的，这种矛盾的解决要从工作出发。他们的软件手册、硬件手册都是一些有共性的东西，故培训工作应该首先抓这些东西。中研部与市场部不一样，市场部在外打市场，只有手拉手才能成功。中研部的人要面对屏幕很多年，容易形成“封闭情结”，所以要多开展活动，强迫他们开放，不断地再社会化。

生产总部的“模糊教学”是一种启发思维的方法，我不做评价，但是它在激励人们学习方面，是有积极意义的。生产总部的干部培训要非常重视 ISO9000 体系，达不到 ISO9000 标准的，一律不能当工段长。他通不过 ISO9000，但是潜在素质又很高，各方面条件都很好，那就调到 ISO9000 办公室来，从事 ISO9000 工作，让他去考核别人。如果他还做不好，对不起啦，只有下岗去。

生产总部要大量地培训干部，向公司输送，特别是向用服中心输送。用服中心的干部要由制造系统给。这么多本科生，长期待在一个部门也不是事儿。其他部门不合乎要求的干部也要退还给制造系统。退还不是要制造系统包下来，而是让制造系统给他们一个宽限期，三个月、四个月，重新培训和再教育，如果达标，再调回原部门，如果达不到我们的职工标准，我们会让他下岗的。公司过去认识人的标准与今天有区别，以后，很多人的工作要调整，我们要妥善安置好他们，而制造系统要在这方面做工作。还有，老员工不要摆资格。

加强培训教材的出版和改版工作

对全局性的、有共性的培养内容应尽快形成教材，在公司内部作为教材出版。该花的钱，就得花！

编委会将来要加强员工培训教材的出版工作，将增加一个编辑部。把编辑委员会调整一下，请一些技术好、外语也很好的人调到编辑部做编辑工作。编辑高一个层次，因为他们主要起审核作用。我认为华为公司对全局性的、有共性的培养内容应尽快形成教材，在公司内部作为教材出版。该花的钱，就得花！印刷的数量不要太大，除了需要的发行数目外，还要余一点，只保留一段时间，可以给新员工培训用。但必须注意改版的问题，不能一个版本投进去之后，就老用这个版本。有些书，很长一段时间都是一个版本，这就是懒惰。懒惰的工作程序只是拷贝、印刷、赶快发行，而不去改进，必须要纠正这种作风。生产总部的教材编写试点工作，我们是会支持的。著书立说可以署名，谁当的责任编辑也可署名，改版的人，也可以署名，但要写清楚在谁的版本上修改和在原版上有哪些改进。每改一次都应该这样做。这样就使得我们公司在教材的问题上滚动起来，有继承和发展，从而更好地推动这项工作。将来评功摆酒的时候，这就是你的一项成绩。同时你们慢慢将教材整理好、归纳好、印刷好后，我们到国外建厂时，我们就可以去拷贝工厂。比如去几个管理干部，拿一大堆培训教材，还有 ISO9000 的文件和《基本法》，我们就进入了一个国家，就进行了工厂的拷贝。

以自学为主的华为大学

引导干部员工不断进步，严格要求自己、约束自己，使自己向着目标逐步迈进，这就是华为大学的真谛。

我们要办什么样的华为大学？首先，华为大学没有固定的场所，没有固定的组织形式。其次，它是一种以自学为主的教育引导体系。它主要是通过引导干部员工不断进步，严格要求自己、约束自己，使自己向着目标逐步迈进。这就是华为大学的真谛。就像徐立新讲的那样，每位员工必须对自己职业生涯进行设计，进行真正的个人设计！每个人目标设计的发展方向都不相同，培训需求与内容自然也各不相同，而我们只能满足华为公司全局性的、有共同性的培训需求。为每一个人进行一系列各不相同的培训，我们没有条件，也没有必要。但是我们有自学引导体系。比如说我们有小卖部，有图书馆，好书进到这儿来，以成本价来鼓励大家购买，然后大家回去自学，这就是自学引导，也是华为大学的特征。这种脱离共性培养，走向个性培养的方式主要靠自学。那么自学式大学怎样办呢？可以定期开一些演讲会、讲座、研讨会，主题你们自己可以提，向人力资源管理部申报。比如，最近你对某一个问题认识很深刻，有一篇论文，确信非常有价值，想给大家讲一讲，你可以先发个启事，谁愿意听课谁签名。喔！一看有三十多个愿意听！接着就发一个通知，说某个星期天，你可以讲一个小时。如果有价值，公司可以付课酬，听课的人也会非常感谢你带给他的收益。如果没有价值，演讲完了后，那么你得请听课的人吃顿饭，大排档，一人一碗炒粉也行，算是对大家的一点补偿。

我们要利用各种激励机制来促进人们把自己的潜能发挥出来，在发挥潜能的过程中也会发现自己的很多弱点，这样就有利于个性和共性的融合，这种融合能推动个性的发展，这样我们就能够产生高级人才。我认为高级人才光靠培训是培养不出来的。你们知道方丈是怎么出来的吗？悟出来的！悟性，是很难培养的。尽力是很容易的，华为公司绝大多数员工是尽力地工作，但是华为多数员工没有尽心地工作，尽心与尽力是有天壤之别的。高级干部的悟性是在全心全意的工作中，在不断地进行思想上的艰苦奋斗中逐渐形成的。当你走向个性与共性相融合的时候，实际上你已经成功了，华为大学可以毕业了，而且我认为这个毕业证不比博士差。当然，中基层员工更多地要靠灌输，甚至是强灌。基层员工说我也想做高级人才，没有问题。我们要与国际接轨，赶不上潮流该如何办？好多人这也不行，那也不行，星期六、星期天还非玩不可，我认为这不一定正确。休息是脱离劳动，休息不一定是完全不学习，难道一定要打牌才算休息？

破除“面子”观念

干部要进步提高，还要过“面子”关，即要能够听取和接受各方面意见。

我常说：所有干部都应该不要“脸”，要“脸”的干部没多大出息。为什么？好“面子”的干部，怎么能做到“三人行，必有我师”呢？没有“三人行，必有我师”，你又怎么能提高呢？我就最不要“面子”，因为我知道自己有本事，我不怕任何人批评我，批评对了，我就承认错误，我公开承认自己有缺点、存在问题。郑宝用为什么进步很快[①]？郑宝用当初就是一个技术专家，我带着他到邮电系统去跑，他在邮电系统“胡说八道”，人家群起而攻之，回来后跟我说“明白啦，这是一个问题”，这样就进步了，又往前走了一步。公司内部必须开展干部批评干部，内部批评内部。只有广泛开展批评和自我批评，华为公司才有希望，否则就没有希望。明年的市场机遇与压力并存，如果说我们的整体建设不到位，压力传递不下去就会错失发展机遇。如果说我们整体建设到位之后，我们战斗力很强的话，我们就不用担心。而我们缺干部，缺能够真正派上大用场的干部。因此，在我们内部，要提倡不要“脸”的人，提倡抛开“面子”观念去学习、提高、进步 。只有这种不要“脸”的人，才能够做干部。那种很在乎“面子”观念的人先是不愿接受别人的批评，然后就是逐渐地故步自封，各方面都会落后。多听听各方面的批评意见有什么不好呢？没有什么不好的！在我们内部，一定要打掉好“面子”的思想。

① 郑宝用，深圳市华为技术有限公司前常务副总裁、总工程师。1996年时逐渐脱离了研发一线，担任负责未来3–5年产品规划的战略规划办主任。

实事求是地进行人生自我设计

开发部的优秀高级工程师，要设计当总裁，我认为这种设计不矛盾。如果设计的未来是当医生，我要说你是胡来。

每位员工都必须进行自我人生设计，但是要实事求是地进行自我设计。

我们讲“爱一行，干一行”，你不爱，你就别干。同时“爱一行，干一行”也要实事求是，比如开发部的优秀高级工程师，要设计当总裁，我认为这种设计不矛盾。如果设计的未来是当医生，我要说你是胡来。不能爱得太多，泛爱，这不行。公司的一个典型例子是李华，教训是很深刻的。当时我安排他当经理的时候，我很信任他，亲自带他去日本考察访问。回来之后，把他安排到物料部、财务部工作，应该说是信任他的。他却给我写了一个报告，说他对集成电路的芯片设计很感兴趣，我就给他批了一个“胡说八道”，请财务部把他的工资降下来。你愿意设计芯片，只要人家要你，你就可以去。我认为他这种爱一行，是胡爱，跨度太大，不客观。这世界很美，什么我都爱，怎么可能呢？进行了真正的自我设计之后，那么你就用设计的目标去严格地要求自己，约束自己，使自己朝着目标走。例如你设计要当总统，那你就得用总统的标准去严格要求自己，注意自己的一言一行。否则人言可畏，经不起人家的攻击、揭底，自己是很苦的。

大家甘愿做培训阶梯的铺路石，应该是很光荣的。同时在培训别人的过程中，希望把你们自己也熔炼进去，你们也能成为新的合金钢。你们当中有人可能愿意长期从事培训工作，有人也可能愿意接受更多新的挑战性工作，我认为这都是可以理解的。但一定要把接班人培养好，要做好别人的工作，首先要做好自己的工作，设计好自己的未来，否则靠你们培养不出优秀的人。

（根据任正非在人力资源部培训工作汇报会上的讲话整理，
选自 1996 年 12 月 20 日第 39 期《华为人》报）

6. 授人以鱼不如授人以渔

华为公司正处在二次创业的快速发展阶段，经营规模迅速扩大，拉动了公司员工队伍的增长；员工队伍的壮大，又反过来推动了我们事业进一步成长，为华为公司的可持续发展带来了新鲜血液，认真负责和管理有效的员工是华为的财富，高素质、高境界和高度团结的队伍才是华为可持续成长的保障。如何使大量新人顺利融入华为文化，融入新集体？怎样使新人尽快工作上手，在工作岗位上成熟起来？这成为公司各级领导面临的深刻问题。

在这种情况下，公司各部门积极探索新人的培养机制，中研部首创了新员工思想导师制度，于 1997 年 5 月开始在中研各部门推行。

1997 年 8 月，我所在的 ISDN 项目来了两名新员工，我被指定为二人的思想导师。这之后，项目组又逐渐"添丁"，都是应届毕业生。由于项目组内只有我一个是老员工，新人在短时间内尚未成熟，我事实上成了这些新员工的思想导师。想到要对新员工成长的好坏负责任（至少是部分责任），我感到了压力和挑战，我默默地对自己说：培养新人是我的责任！只要全力以赴去做，一定能做好！

大胆起用新人，让新员工充当项目主力的做法，能取得相当理想的培养效果。这是我做思想导师的重要收获之一。

交给新员工充足的，甚至适度超量的工作任务，不仅有助于他们更好地度过适应期，而且能迫使他们快速成长。因为，一方面，赋予工作重任使他们感到受重视，能调动新员工的工作积极性；另一方面，工作任务重使他们有了压力，能驱动新员工努力工作和学习，提高自己。

如果仅仅将工作任务交给新员工，不给以引导帮助，肯定行不通。由于新人不熟悉公司流程和环境，缺乏工作经验和工作技能，思想导师要做的事很多很多。

例如，怎样将一项目标任务分解成若干个子任务，然后再细分，新员工一般不知道，为此我们采取非正式的书面形式，详细明确地为新员工安排工作。最先每次安排一两天的工作；一段时间后，每次安排一周的工作，最后，对新人所做的工作分阶段把关就可以了。

新员工在开发工作中经常会碰到仪器设备不足，要设法求借的问题。每次新员工告诉我这种问题，我没有仅仅帮助他们解决问题就了事，同时还告诉他们向同事协商求助的方法和技巧。这样做了若干次后，新员工一般就会自己想办法解决这类问题了。

应届毕业生进公司之前，一般没有每天写工作日记的习惯。为此我们在项目组内提出，“日记是工作轨迹，是思想轨迹”“一个好习惯，受益一辈子”，硬性要求个人写工作日记，并定期检查。强行的推行收到了理想效果，组内新人后来都有了自觉写日记的习惯。

我们都希望新员工顺利融入华为文化。华为企业文化理念的内容相当丰富，要在华为文化和华为人行为之间找到对应关系，结合新员工碰到的具体事例来阐释华为文化，使新员工感到华为文化是“有形的”，是每个人都可以身体力行的。这种做法能收到较好的文化引导效果。

例如，关于什么是“团结协作”“无私奉献”，我们在小组会上讨论过新员工自己亲身经历的一些事例。系统测试中发现问题，开发工程师已明确自己负责的环节无误，仍积极配合其他同事、其他环节查找问题原因，这体现的就是团结协作精神。新员工经常向同事请教问题，每一个同事都会无条件毫无保留地解答传授，这种行为体现的就是无私奉献精神。开发工程师为了公司早日推出产品，主动加班加点（这种现象在公司内极普遍！），也是无私奉献的表现。

公司录用的新员工一般思想文化素质较高，在亲身经历的触动和引导启发的作用下，组内新员工对华为文化很快形成了正确认识，并能将理解认识迅速转化，体现为自己的行为。我们这个全部由新人组成的项目组，在较短时间内形成了团结和谐的气氛。

在引导新员工期间，我们比较注重成就感的培养。对新员工取得的工作成绩，无论大小都适时地给予鼓励，可以进一步调动其工作积极性。同时我们利用这种机会，帮助新员工对工作成绩形成正确的认识。

1998 年，经组内几名新员工作为开发主力的艰苦努力，用较短时间开发出了我公司新 ISDN 用户和 ISDN 维护测试系统，使我司于 1998 年元旦在国内厂家中率先通过新国标 DSSI 入网测试。新员工入职不足 5 个月，其工作成绩就转变为华为公司的喜报，并受到业务部的公告表扬，新员工受到巨大鼓舞！对这件事我们在小组会上做了讨论，新员工切身体会到，“每一个胜仗都是团结协作、群体奋斗的结果”“没有项目的成功，就没有个人的成功”。

1998 年 2 月，中研部给予我“优秀思想导师”的称号，1998 年 5 月，项目组获得了“商业网攻关奖”，我们一次又一次受到鼓舞！我把优秀思想导师奖金“献”出来打保龄球，让大家分享收获的喜悦——这原本是我们共同努力的成果！没有新员工自身的努力和成绩，何来思想导师的“优秀”？

做思想导师更是一种机会，在培养引导新人的同时，也锻炼培养了自己多方面的能力；做思想导师是一种挑战，你必须在思想行为上更严格要求自己，做新员工的示范，你必须调动全部身心精力，想方设法去达到“一帮一、一对红”的目标；做思想导师更是一种责任，一种培养华为事业接班人的责任，一种华为人的崇高责任！

（选自 1998 年 12 月 10 日第 79 期《华为人》报，作者黄铭）

7. 学而优则仕，决不让雷锋吃亏

2 月 27 日下午，国家人事部张学忠副部长、徐振寰司长、张艺处长及深圳市人事局、南山区人事局领导等一行 9 人专程赴华为公司访问。参观了公司总部后，张部长等人与华为公司任正非总裁就华为公司独特的人才制度展开了讨论。

张部长："任总，我们今天专门来，主要是想请您谈谈这个年轻公司独特的人才机制。"

任正非："总的来说，我们做得还不够好，问题也不少，一是公司发展太快，二是我们还没有经验，真是摸着石头过河，没有理论基础。我们只是坚持了走实事求是的道路。"

任正非接着说："我国多年来一直强调以工人阶级为领导，工农联盟为基础，因为工人、农民是生产力。邓小平同志已经提出了科学技术是第一生产力，那么知识分子可不可以作为主要的领导阶级呢？至少在企业里我们认为是可行的。在我们企业里应该说知识分子几乎占领了所有的领导岗位。我们内部强调学而优则仕是对的。我们可以不看你表面的学历、文凭，但一定要有实际才干，我们考试不考理论，而着重考作业能力，干什么，考什么，有学历、有知识这是优势，没有学历，也不用自卑。这种考核机制逼着所有人都得奋力划船，争取进步。在我们这种高科技企业，真正没有学历的人能被提拔上来的很少，很不容易，但还是有，有高中生读函大，经多年工作积累成为副总工的，也有打工仔、打工妹在实践中不断学习提高成为工程师的。我们的重点是培养中高级科技干部，但强调在所有领域里公平竞争，其含义就是不唯学历。所有进入我们公司的人，不管有多高学历、多高资格，都得从工人做起。我们认为这是了解公司、培养集体奋斗的第一步，这里面有两个作用：一是我们坚信实践改造人是永恒不变的真理，通过实践改造他的知识结构、思维方式，还要改造他的思想品德。我们认为再多的理论知识、再高的学历，没有实践经验则是空的，成不了真正的专家。二是这些在实践中锻炼的人，为企业大发展所需的领导干部提供了后备力量。博士生一进公司时，可能实际工作能力还没有本科生强，但经过实践的磨炼，一旦适应了公司的特点，他可能上手得比别人都快，可以做高级的领导干部，因为多年所学知识毕竟使他内涵比别人丰富，而且通过实践，他的实际工作能力和责任心都会增强。对这些通过实践锻炼提拔起来的年轻管理干部，我们都放得较松，对他们的管理都比较有弹性，没有强制政策，这样有利于年轻人的成长。

“我们公司少年班毕业的学生比较多，前段时间我们也有些教训，就是把他们捧高了，以前在家里是宝贝，在学校老师又喜欢，到了我们公司再一捧高，他们的思想改造和修养就欠缺了。最近我们做了些纠正，他们年纪小，在生活上给予适当照顾，工作中同样应给他们压担子，同样应接受实践的改造，参加公平竞争，这对他们将来的一生是有利的。

“对年轻人的思想教育也是非常重要的。一个企业不能只讲钱，钱是永远满足不了的。只讲物质利益是有问题的，还是应该以精神文明为基础，应该提倡向焦裕禄学习，向雷锋学习。我们公司最大的特点是不让焦裕禄们、雷锋们吃亏，今天学习焦裕禄、雷锋，是学习他们那种奉献精神，那种对工作兢兢业业、一丝不苟的精神，越是这种人，公司越要给他更高的物质回报，甚至硬塞给他，这就是为了创造一种人人都争做焦裕禄、雷锋的良好风气，使我们的优秀队伍越来越壮大。”

张部长问道：“华为公司已经成立 6 年多了吧？您有什么心得呢？”

任正非答道："这几年我们一直坚持的就是实事求是、按劳取酬。发展过程中也有不少问题，最近我们进行机制改革，觉得与发达国家大公司在管理上存在不少差距，但我们不会盲目学它们，我们要慢慢摸索，学习它们合理的制约机制。在工资制度上，我们既要制约无限制的增长，又要使劳动者得到合理回报，保持劳动热情。我们还有很多需要完善、需要摸索的东西。"

张部长："我想问问华为是用什么方法吸引了全国这么多的优秀人才的到来。"

任正非："很多名牌大学的尖子生分到华为公司来，这已是事实。而来公司后就去当工人，没有任何职务，先从基层做起，先了解华为，了解产品再说，以后也许会有大作为，但这第一步不能少。因此，我们企业最主要的还是一种精神，一个根本点就是：每个人的个性和才干必须在集体奋斗中得到充分发挥，强调集体奋斗，也给个人一个发挥才能的平台。我们的科研手段和研究方式给个人很大的发展空间和成长机会，我们每个课题的高层研究、总体规划做得很细，数据库资源共享，这就使得负责每个模块开发的人员容易达到目标，奋斗者有成就感，特别是青年人，不断的成就感会使他对自己、对企业越来越有信心。

"我们的研究课题全部是瞄准世界尖端技术的。我们的竞争伙伴都是数千人搞软件，是群体行为，如果我们不集体奋斗，根本就赶不上，任何个别人是不可能达到目标的。另外，我们强调的集体奋斗，与人类发展的历史，与发达国家的成功经验，与中华民族的群体文化传统是相吻合的，是可行的。当然，不可避免的会有人不愿集体奋斗，这在我们公司是行不通的。我们会坚决把他打下去，让多数人去改造他，直到他愿意在这个集体中团结协作。特别是大公司，研发先进技术一定要营造这种气氛。这也是年轻人愿意来公司的原因之一，有些人甚至放弃一些别的物质利益来公司。

“另一方面，就是我们决不让雷锋、焦裕禄吃亏，决不让焦裕禄累出肝病，雷锋穿破袜子，公司一定会给这些奉献者合理的回报。这样就会有更多的雷锋、焦裕禄产生。这种将精神文明和物质文明紧紧结合的机制极大地提升了人员素质和企业活力。

“我们在很多名牌大学设有奖学金、奖教金、贷学金，支援国家教育事业，资助穷学生上学。另外，我们还与中科大、华中理工大学、北邮等多所名牌大学合作培养研究生，共同发展教育，发展科学，与学校保持良好的感情，让他们更了解华为，学生也愿意来华为，当然我们并不要求所有被资助的学生来华为，不适合的我们就不要，也不用他还钱，就算是多个朋友，为国家做的贡献。”

张部长：“华为公司辞退、开除的人有多少？”

任正非：“从公司成立以来，我们开除过两个人。但每年我们都会将排在最后几名的人员辞掉，发给他们奖金、安置费，友好地劝他们离开，并做朋友，因为离开华为，不适应华为，并不意味着就是最坏的。我们也应为社会安定做些贡献，这些人善后工作做得很好，还从没出现过不满意、闹事的。这种激励机制最大的好处就是使得人人都拼命往前跑，拼命努力，不能落在后面，对人人都有震动。”

张部长：“华为的人员学历情况是怎样的？”

任正非：“公司现在博士生三十几个，硕士生以上的有三百多，大专以上的有近一千人，华为公司这些年来所做的努力、储备技术、储备人才，就是要瞄准世界最先进水平，瞄准世界市场。我们认为毛泽东时代那么艰苦，条件那么差，都能研究出原子弹、火箭、卫星，我们现在条件好了，为什么不能有一些作为呢？我们不能妄自菲薄、自暴自弃，决不能不相信中国人而迷信外国人。

最后张部长说道："今天由于时间关系，我们不能再继续探讨了。听了任总的介绍，觉得华为公司有策略、有思想、有实力、敢想敢干、很有魄力，对我们有很大的启发，今后有机会我们一定再来华为。"

第二章

CHAPTER 2

鱼和熊掌如何兼得：追求效率是工作的第一原则

8. 化繁为简，效率第一

华为的质量管理方法具有很高的技术性和哲理性。罗安的方法也是如此。亚里士多德的归纳、老子的简单、孙子的变化，这些思想都被双方认同，使他们得以合作，共同创造出华为的综合质量管理系统。罗安博士曾为香港中华厂商联合会写过《品管系统指引》，并在世界各地设计过质量管理和工程系统。

华为在即将获得 ISO9000 认证时，突然停下来，改变了整个质量管理方法，当时令我很吃惊，但这个吃惊很短暂。自我开始与华为合作后，我认识到，进行总体改变是他们能做的唯一符合自身特点的选择。我们对几十家企业做过企业文化调查，其中包括几家中国的电子公司。华为是所有被调查企业中最好的。正是这强有力的企业文化使它有信心改变运作系统。高层经理所显示的领导才能使公司沉着自信地进行着变革。

“工作分解法”是一种很有效率的工作方法。把工作分解成两种相互参照的类别很有用，一种是简单、重复性的，另一种是复杂、独具风格的。业务流程的本质非常复杂，涉及不同企业类型。顾客和产品不同，流程也各异。而工作分解法通过一种等级结构，在这种复杂性中注入了简洁。

如果说战略能巧妙地平衡各种目的和手段，那么工作分解法就是把工作看成是在目的的手段链上运作战略的一种方法。

就像如何吃大象这个古老的故事，你不可能一口把大象吞了。工作分解法教你把这项工作分成几个主要进攻活动，如何把象杀了、分解、煮熟、保存、一块块分掉（现代社会，大象是濒危动物，我们要保护它）。每项活动都与吃掉这只象的目的相一致。

我觉得工作分解法能做四项基本工作：加强根据不同需求专注于不同工作层面的能力；便于在所需层面上对流程控制、检验和审查及测试设备的标准做出界定；推进工作的实用性安排；简化需追踪考察的事物。这些都在细节上使整体工作效率的提高成为可能。

设计综合管理系统不仅是一门科学，也是一门艺术。三位先哲都对这门艺术有大量阐述。亚里士多德告诉我们思维必须清晰，划分范畴和寻找共性的方法必须正确，因为用实用的方法来看，正是共性使我们求得统一。

老子告诉我们，少就是多。在一切都相同的前提下，小系统好过大系统。他还说，生活就是阴、阳对立面的平衡。在设计系统时，我们实际上是在寻求各种对立面的平衡。在实施系统时，我们实际上是在各种对立的原则中寻求平衡。老子还说，这种平衡是动态过程，从不停止，一旦达到，就得调整。

孙子在管理著述中很有名。他说，军队如水，水往低处流。在质量体系中我们须随环境做调整。

我还提到“狐狸”这个概念，这也是从一位鼻祖那里得来的。这第四位鼻祖是叫 Archilochus（阿尔基洛科斯）的希腊诗人。他分析了刺猬和狐狸的差别。

刺猬看事的方式一成不变，一切不在视野范围内的东西都被置之不顾。有些工商管理硕士生就是这样，他们更关心某些做法是否属于 TQM（全面质量管理），却很少管它是否有用。

狐狸却不同，它们十分务实。在它们看来，“有用的强过空想”。正如邓小平所说，“不管白猫黑猫，只要捉住老鼠就是好猫”。

必须学会做狐狸。不要管它是 TQM、持续改善、业务流程重组，还是ISO9000，你最该关心的是，“它是否有用？”

（原载《世界经理人文摘》，作者Richard A.Brualdi博士，编者有改动）

9. 各个击破构筑供应链的成本优势

“未来企业间的竞争，再也不是单一企业和单一企业的竞争，而是供应链和供应链的竞争。”企业如何在竞争中获得优势，就要看你这条链的磨合程度了。

当有人问戴尔公司[①]何以能处险不坠时，他们认为“关键在于拥有全球最高效的供应链管理系统和低成本的运作模式”。华为作为处于发展最迅速、波动最激烈的通信行业的一员，如何构筑这条价值链，以形成客户、公司、员工、供应商的“互赢利益共同体”？

有效的供应链既包括服务，也包括成本。服务的内容是多方面的，而成本只有一个目标：就是使整个链的成本最优化和增值最大化。

从产品价值的形成过程来看，我们可以把链分成前端同供应商、中间内部运作和终端与客户相扣的三环。现在分别来看一下各环的成本：

供应环是基础

“如果我们采购人员只会机械地讨价还价，而不能建立好与供应商的长远合作关系，就会葬送公司的明天。”

前不久，一位供应商给我司采购部写过一封信，主要内容是产品包

① 戴尔公司于1984年由迈克尔·戴尔创立。他的理念非常简单：按照客户要求制造计算机，并向客户直接发货，使戴尔公司能够最有效和明确地了解客户需求，继而迅速做出回应。这个直接的商业模式消除了中间商，这样就减少了不必要的成本和时间，让戴尔公司更好地理解客户的需要。这种直接的商业模式使得戴尔公司能以富有竞争性的价格，为每一位消费者定制并提供具有丰富配置的强大系统。

装箱的设计浪费。为此，他中肯地说："我司成本下降直接受益者应该是贵司"。

只有降低了供应商的内部成本，我们才能获得更大的采购竞争优势。而他们成本下降的驱动因素却正是我们的需求。

曾参观过一家 PC 的 OEM[①] 厂，在他们的设计室里，我们看到很多计算机的结构设计件，该室负责人自豪地说，PC 厂家只需给出框图、构想，他们就能设计出完全符合要求的产品。

他的话给我们的印象很深，因为我们也考察过公司的供应商，而他们的抱怨是由于我们的非标件太多，他们生产准备的时间远远高出生产时间本身，而且我们有些设计还不到位，他们需重新返工图纸，这怎么能降低成本呢？

供应链管理已从以前单一企业包打天下的"纵向一体化"演化成链上各环专注于各自最擅长的核心竞争力的"横向联合"，如果我们的新产品开发还一味沉醉于自我创新上，我们可能会因为在自己的短处消耗过多的资源而丧失对市场机会的把握。

所以，供应环节成本优势的建立在于如何把供应商看成自己潜在资源和能力延伸的一部分，而不仅仅是单纯的物料提供者，并逐步建立长期稳定的伙伴关系。只有这样，供应链的前端才是坚实的。"如果我们采购人员只会机械地讨价还价，而不能建立好与供应商的长远合作关系，就会葬送公司的明天。"

---

① OEM，英文全称 Original Equipment Manufacture，指由采购方提供设备和技术，由制造方提供人力和场地，采购方负责销售，制造方负责生产的一种现代流行的生产方式。大多采用由采购方提供品牌和授权，由制造方生产贴有该品牌产品的方式。

内部环是核心

“我们现在学习的只是皮毛。”

目前，华为尚处于供应链管理的第二段，即改进企业运营，降低内部运作成本。但遗憾的是，当我们翻开各部门的 KPI① 时，却很难找到成本控制的绩效评价。

西门子公司在改善经营时实行了“销售利润率”管理法，即不只根据销售额，还要以利润为尺度来衡量企业的经营状况。并对企业各个业务环节再度优化整顿，进一步提高投入产出率，发展那些能够真正盈利和尚有潜力可挖的业务。

我们的成本管理为什么难？主要是大家缺少成本管理这根弦。

细分我们产品的价值链，也是它的成本链，就可以发现成本管理的重点在于：设计成本、生产成本、销售成本、安装成本和维护成本。

设计成本是源头，一般产品综合成本的 70% ~ 80% 是由设计方案决定的。公司引进 IPD② 项目，就是使研发在一开始就考虑产品的成本定位及市场、生产等后续的成本，在产品初期就构筑起成本的优势。

生产成本的主要构成是材料，所以库存的管理就成了供应链三环的汇接点，它的高低标志着供应链管理成效的好坏，同时也需要三环的紧密配合。

---

① 关键绩效指标（Key Performance Indicator，简称 KPI），又称主要绩效指标、重要绩效指标、绩效评核指标等，是指衡量一个管理工作成效最重要的指标，是一项数据化管理的工具，必须是客观、可衡量的绩效指标。

② 集成产品开发（Integrated Product Development，简称 IPD）是一套产品开发的模式、理念与方法。IPD 框架是 IPD 的精髓，它集成了代表业界最佳实践的诸多要素。具体包括异步开发与共用基础模块、跨部门团队、项目和管道管理、结构化流程、客户需求分析（$APPEALS）、优化投资组合和衡量标准等七个方面。

公司曾经通过“小改进、大奖励”、QCC[①]、业务流程重整等项目，以提高公司的运作效率，但“我们现在学习的只是皮毛”。

所以，要真正降低运作成本还需要对流程的成本进行分析，如生产它的主流程是什么，主要活动是哪些？哪些活动是增值的，哪些是不增值的？不增值的活动是否可以取消，增值的活动其效率是否可以再提高？等等，只有这样才能形成内部运作的评价标准，并进行优化。

客户环是根本

客户环是供应链存在的理由和基础，也是供应链成本管理的关键。

降低客户的服务成本之路我们觉得应该从以下几步来走：

首先，同客户的关系要从纯粹的商务往来转向横向的合作。在 IBM 顾问给我司做采购项目指导时提出选择供应商的一种方法是竞争性评估，即将持续发展能力、技术支持水平、质量保证程度等长远目标作为选择供应商的条件，这样就可以避免单纯的价格战，并保证持续的服务能力。这样做虽然可能影响短期成本，但从持续发展的角度看，却是成本的最优化。

其次，整合运作过程，减少重复无效劳动。假如我们能在货物发出时把发货信息提供给客户，这样就可以节省客户接货后重新填制单据、入账重审和制定固定资产账等的时间，而这正是无效劳动成本增加的根源。

---

① QCC 是英文 Quality Control Circle 的缩写，汉译过来名为“品管圈”。品管圈又名质量控制圈、质量小组、QC 小组等。其特点是由基层员工组成的小组，通过适当的训练及引导，使小组能通过定期的会议，去发掘、分析及解决与日常工作有关的问题。

可见，客户化的产品还需客户化的服务来支撑。只有这样才能使我们的客户有机地配合我们的工作，达到双方工作效率的提高和成本的降低。

而实现上述的基础是相互的信息共享。正如戴尔公司，他们所有的交易数据都在因特网上，每天可与 1 万多名客户进行对话以平衡供需；同时他们还致力于实现同供应商机器与机器之间的连接，避免人为地重复劳动。正是这种信息的高度共享，使戴尔公司能在第一时间了解客户的真正需求，并迅速地向前端传递，使整个链路在最短的时间内作出反应，既满足了客户的需求，又把信息滞后而造成的损失或成本的增加降到最低限度。

供应链的管理不能一蹴而就，供应链成本优势的取得也需要各环的不断优化和互动，只要我们不懈努力，华为的供应链成本优势一定会展现出来。

（选自 2001 年 8 月 26 日第 120 期《华为人》报，作者成本管理部 &ISC 项目组）

10. 市场成本：企业改革与发展的交叉点——邯钢经验知多少

【编者按】邯钢经验有两点给人印象非常深刻。

首先是他们勇于将企业和企业中的每一个人推向市场，直接接受市场的检验。他们发明的成本核算公式：目标成本 = 产品的市场价格 - 目标利润，把市场作为考核企业、员工的基本标准，让所有人无条件地为完成市场成本指标而努力。他们知道，“市场不给你商量，效益不给你退路”。他们因此释放了员工的生产力，充分挖掘了企业的潜能，也因此获得了令人瞩目的绩效。

其次就是在落实上敢动真格。正如邯钢厂长刘汉章先生所言：“邯钢经验是十分简便易学的，但难在实行。”从某种程度上，管理思想、管理理论无新鲜事，关键应在于是否做实、落实。成本、质量、考核、效益、发展等是每个企业永恒的话题，而全面质量管理、ISO9000、业务流程重级等管理思潮一波又一波，但核心是共同的。而最后看你能否落实，看你敢不敢来真的。

因此，学习邯钢经验，对于华为来说，既是一件熟悉的事情，又给我们敲响了警钟。

说熟悉，是因为我们一直面临着市场的考验，为满足市场的需求尽自己最大的努力；是因为几年来我们不断在强调管理体制改革，强调管理的合理化与效果。而且在一轮轮的改革、改进中促进了公司的发展。

但是，邯钢人的实践也再度提醒了我们，在落实方面我们还有更多要做的，要做得更细致、更充分。比一比，看一看，我们自己提倡的做法是否在每个部门、在每个人的具体工作中落实了、做好了，是不是还有很多事情等待我们去做。回答这些总是会令我们汗颜，比起邯钢，华为在做实方面还远远不够。

做实，对于迅猛发展的华为已日益重要起来了。我们谁也不愿意看到，发展的大厦由于管理基础空漏、缝隙的积累而在某个时刻突然松动、坍塌。看看国内外诸多企业的经验教训，这样的担忧并不是多余的。

管理的制度、目标要从上开始推动，而做实则要求每个人从自己做起。我们认为，做实是每个人的事，并不会因为你官大了、权重了，你就不需要做实了。成本是否高了？工作和产品质量是否令人满意？工作和员工考核是否合理可行？自己的工作是否有助于公司的发展和整体利益？这样的问题多问一问，管理上做实也就真正开始了。（周学军）

邯钢经验，是邯钢人对我们时代的一个杰出贡献。它杰出在哪里？杰出在他们发展了市场经济的成本核算公式：

目标成本 = 产品的市场价格 – 目标利润

因为这个成本是由市场价格“倒推”出来的，并且是保证利润从而保证企业在市场的竞争能力的成本，故刘汉章又称它为市场成本。这个提法更能概括成本的实质与新意。

邯钢经验的全部内容可概括为两句话：模拟市场核算，实行成本否决。

刘汉章厂长用四句话做解释：市场价格确定成本，指标分解落实到人，按劳分配只看效益，当家理财都是主人。

这样一个机制给邯钢带来了什么？

1991 年，实现利润 5020 万元，是这一机制推行前的 1990 年利润的 20 倍。1992 年，实现利润 1.49 亿元；1993 年，实现利润 4.5 亿元；1994 年，在吨钢售价比上年下跌 400 元的情况下，实现利润 7.8 亿元；

1995 年，实现利润 7.08 亿元。

到 1996 年年初，邯钢资产负债率已从 1990 年的 80% 下降到 39.5%。

怎样认识邯钢经验的价值？从这 5 年来邯钢的变迁，我们可以得出结论。1991 年，冶金部推广邯钢经验：管好成本，降低消耗；1993 年，国务院办公厅批转了国家经贸委的调查报告，号召全国学邯钢：加强管理，扭亏增盈；1996 年 1 月，国务院批转的在全国学习的邯钢经验："三改一加强"，实现经济增长方式的转变。

不同阶段对邯钢经验的不同概括说明，我们对"模拟市场核算，实行成本否决"经验的认识也在不断深化，其内涵也在不断地丰富起来。邯钢经验不只是一个成本核算方法的改变，它展示的是市场经济条件下国有企业全新的经营思想，是国有企业告别计划经济体制，走向市场，在竞争中发展壮大的可操作的模式。它通过市场成本这个非常具体而且蕴含着邯钢经验全部精髓的概念，使企业转变观念、转换机制、转变增长方式等改革与发展的一系列问题，实现了逻辑与实践的有效统一。

"主人"观念转变的杠杆

"我们是工人，只管干，不管算。算账是管理者的事。"

全心全意依靠工人阶级，发挥其主人翁作用，办好社会主义国有企业。改革开放以来，这个宗旨从来没有改变过。

1990 年，邯钢生产的 28 种钢材有 26 种亏损，企业到了难以生存的地步。刘汉章也是从"主人"这个概念提出问题：工人阶级是企业的主人，要全心全意依靠工人阶级，但邯钢为什么还赔钱？

他找出了自己的答案：主人，在政治上是一个翻身的概念，而在企业，则要通过理财来当家。当家就要知道“家底”，当家就要知道柴米贵，当家就要盘算着过日子。然而，市场竞争已经在企业的墙外喧闹了10年，大墙内的人们却还过着计划的日子。市场一吨铁水的价格已涨到840元，而分厂用它时仍按每吨450元的计划价格与总厂结算。“分厂报盈，总厂报亏”，总厂的领导被市场逼得走投无路，分厂领导和职工的日子太平依旧。

计划体制的公式是：产品价格 = 产品成本 +5% 的计划利润，产品的价格是由产品的成本而决定的。

这种核算办法，就像一堵墙，把市场挡在企业的外面，除了最高管理层，分厂的领导和职工都看不到市场的风云，感受不到市场的怒潮，意识不到主人翁的责任。让主人在每一个岗位上当家，让市场的风吹到每一个岗位。改变成本核算的办法，让市场价格成为成本的主宰，即市场成本 = 产品的市场价格 − 目标利润。

目标利润以企业的最高水平和同行业的最高水平为参数而确定。

这绝不只是一个技术性的操作。它意味着企业生产目的的改变，意味着企业和市场关系的改变，意味着企业管理从数量型到效益型的改变。

推墙入海，市场的风吹进来了。市场成本被邯钢人层层分解，在企业中换算为10万个经济指标，落实在2.8万名职工的肩上。

“我们是工人，只管干，不管算。算账是管理者的事。”平时，人人都说自己是主人，可是，让职工当家理财，他怎么又那么不情愿？邯钢领导分析的结果是，我们没有把主人的责、权、利统一起来，多年的“大锅饭”吃掉了主人翁的责任感。

“成本否决”就这样形成：完不成市场成本指标者，否决全部奖金；节约了，按节约额的5% ～ 10% 提成奖励。按劳分配与市场成本指标结合在一起，这个“劳”字就有了市场经济的内涵：它不再仅仅是物质产出量的多少，而且是效益的多少。按劳分配的实质是按“效”分配。

主人翁的责任感和市场意识，就这样通过由市场成本导出的按“效”分配的原则，在职工头脑中树立起来。5 年来，职工收入差距最大拉开 10 倍，对效益好的分厂的厂级干部，总公司奖给本单位平均效益奖是效益差的 7 ~ 10 倍。刘汉章有句话，邯钢职工听了就提气：给国有企业干，照样发财致富。

到邯钢，你可以耳闻目睹很多“当家理财”的真实故事。邯钢职工买计算器，都买 12 位数的，为了给小数点后面多留几位。

计划经济也有成本管理，但成本的前面是计划，可以调高调低；承包制也有指标，但指标的前面是发包人，可以讨价还价。但邯钢的市场成本，前面是市场，后面是企业效益。市场不给你商量，效益不给你退路。有的分厂厂长几次找总厂，要求下调指标。刘汉章的回答是：我们的成本指标是从市场价格中推算出来的，市场不为邯钢调价格，总厂就没法调指标，否则，企业就亏损了。面对从市场来的成本指标，谁还能讲出企业“亏损有理”的话来？

计划经济的等、靠、要是几十年计划经济的实践形成的，市场经济的竞争意识也只能在市场经济的实践中建立。市场成本就是这样一个在市场经济的实践中撬动职工观念转变的杠杆。市场成本，使市场对企业职工的硬约束，转换为职工的主人翁意识和自我约束、自主创造的动力，能不能完成市场成本指标，成了一个人能力和价值高低的标志。

衡量企业转换机制的标尺

对旧的规则要有破有立，遵循市场现实要求。

对于企业转换经营机制，目前有两种观点：有的企业认为，外部条件不改善，企业机制难转换；政府认为，企业的环境已经得到了不少改善，企业应该有所作为，不能等一切理顺了再来转换机制。

邯钢“模拟市场核算，实行成本否决”，在企业经营中引入市场成本这个概念，给企业立足自身、转换经营机制提供了一个可操作的突破口，同时它又是衡量机制转换效果的一个标尺。

机制转换要改变传统经营方式，但不是说，只要改变了传统经营方式就是机制转换了。有些在社会上曾轰动过的企业经营机制的转换，最终效果不够理想，重要的一个原因是：旧的破是破掉了，立起来的新的却不一定符合市场要求。经营机制转换的意义是使企业的经营行为、组织行为、个人行为符合市场规律。那么，符不符合市场规律又有什么标准呢？

经营机制是由经营目的决定的。选择市场成本核算方式，意味着企业追求利润最大化目标的确立。经营机制的转换便是自然而然的了。

市场成本，实现了市场对生产经营即原材料采购—生产—销售过程的全程约束。每年邯钢要根据市场的变化，对市场成本进行一至两次调整。企业、单位、个人的行为要围绕市场的变化不断调整。这种生产经营方式确立的本身就是新机制的建立。所以，我们说，邯钢从产品市场价格倒推出市场成本的同时，倒推出了一个新的体制。它是一个市场敏感机制、效益保证机制。

用人机制变了，分配机制变了，决策机制变了。

成本否决引进用人制度。企业在搬“铁交椅”时，也搞竞争上岗。

靠演说、靠人事测评、评委投票。比起过去，这是一个进步。但因为有一些人为因素，容易产生不公平竞争和人事矛盾。而市场成本指标则提供了这方面一个统一客观的标准。任用和提拔人才，组织部是要全面考核的，但如果你所承担的市场成本指标没有完成，其他的就不再考核。1991 年开始到现在，邯钢共免、降了 6 位中层干部，没有任何异议。完不成指标，就意味着他没有能力保证企业利润，无论是工人还是干部，都明白在这个位子上是不好干的了。

管生产的副总经理苏光贵说，当领导的对中层干部，谁完成的指标好就喜欢谁。因为他的指标影响着我的指标。反过来，这个机制也是对领导者的约束：中层干部的指标完成得好，就不能由自己的好恶随意任免。

成本否决引进了分配制度。完不成指标的，100% 否决当月奖金；连续 3 个月完不成指标的，延缓内部升级。“不迁就，不照顾，不讲客观原因。”5 年来，先后否决了 79 个分厂（次）当月全部奖金，69 个分厂（次）被延缓内部升级。奖罚的标准在每一个人自己手里。收入差距拉开最大高达 10 倍，但没有人认为分配不公。

成本否决引进了决策机制。任何决策的最重要的依据是：根据市场判断，有利可得。亏损产品不亏损，盈利产品多盈利，否则，坚决停产。技改、基建全都如此：技改之前先算账，投多少钱、见多少利、多长的工期，然后进行委派。完不成这个核算的不委派，超过了这个成本的受罚。

市场成本把市场信号变为成本指标，企业内部的竞争超越人和人的竞争，成为人和市场竞争，自己和自己竞争。

邯钢存在所有国有大中型企业的共同难题：退休人员达 5000 人；社会负担重，从事非钢铁主业的人员 1.3 万人；5 年前设备陈旧，大体和目前全国地方钢铁企业的设备差不多，有些地方甚至更落后；债务负担重，1990 年时，资产负债率高达 80%。

刘汉章认为，这一切没有一项妨碍“模拟市场核算，实行成本否决”，从自身做起，才能加快企业经营机制的转换。

企业自我发展的牛鼻子

抓企业效益、促企业发展千头万绪，但市场成本是把千头万绪打在一起的“结”。

让我们看一看邯钢 1990 年至 1995 年的发展：利润，1990 年 100 万元，1995 年 7 亿元；钢产量，1990 年 110 万吨，1995 年 215 万吨；全员人均年产钢量，1990 年 41 吨，1995 年 81.2 吨；增长质量，1995 年钢产量占全行业的 2.28%，而实现利润占全行业的 8.3%。5 年来，累计技改投资 24.76 亿元，但企业的资产负债率则由 1990 年来的 80% 下降到 1995 年的 39.5%。

改革开放以来，有过不少这样的企业，在市场竞争中领一时风骚，但却是一道不长的风景线。为什么？效益不能持久。企业效益是经营的一个综合结果，单独采取某一项决策，可能见效一时，但并不能全面保障企业在市场竞争中的实力。

那么，能不能找到一个能够在生产过程中随时反映出或预测出未来效益的简化指标，以使企业及时发现问题，及时做出调整？邯钢人认为，这个指标就是市场成本。抓企业效益、促企业发展千头万绪，但市场成本是把千头万绪打在一起的“结”。千头万绪归在这个“结”上，从这个“结”能理出千头万绪。

抓住了市场成本，就抓住了企业经济效益的“牛鼻子”，抓住了企业自我发展的“牛鼻子”。

邯钢的发展是集约型的，而集约并不是不要规模。1990 年时邯钢产钢量 110 万吨，如果只靠挖潜增效，能挖多少年？ 5 年后钢产量增长了 1 倍多，而邯钢的人员没有增加，仅这一项，吨钢成本就下来不少。关键在于，我们要的规模是有效益的规模，降低成本的规模。

技术改造是降低成本的一个手段，但工期长，停产时间长，投入过多可能使技改提高生产率的积极作用全部被抵消。所以，邯钢三轧钢，1993 年下半年投资 46 万元对线材生产线进行增速改造，总厂要求必须在保证当年生产任务的情况下进行。这一来，1994 年，三轧钢的产量从 15 万吨提高到 22 万吨，比目标成本降低了 510 万元，1995 年又降了 530 万元，全部是纯效益。

连铸是钢铁企业优化产品结构[①]、提高产品质量的一个先进工艺。但他们量力而行，不搞越先进越好，自己设计制造安装，五台连铸机只投入了 5700 万元，比委托外部制造至少省一半钱，在中国冶金行业第一个实现全连铸。他们建 60 万吨的棒材生产线，除了主体设备外，辅助设备全用现有的设备改造而成，虽然简陋，但一不影响产品质量，二不影响生产效率。同样的生产钱，有的钢厂投入 6 亿元，而邯钢只投入 2 亿元，吨钢成本比别人低了很多。

从 1991 年到 1995 年，邯钢的产量从 110 万吨发展到 215 万吨，他们把税后利润的 45% 用于技改投资，使技改投资中自有资金的比例占到 52%。“量力而行，梯度发展，滚动前进”，这是邯钢的技改方针。

---

① 连铸技术是一项把钢水直接浇注成形的先进技术。与传统方法相比，连铸技术具有大幅提高金属收得率和铸坯质量，节约能源等显著优势。

对“不技改等死，技改找死”的说法，刘汉章付之一笑说：不技改等死是真的，技改不算成本，不算投入产出账，过度负债，该一年完成的两年还交不了工；1000万该完成的，2000万还不够；没有等你投产，利息就把企业压垮了，这样的技改怎么能不“找死”？“八五”期间，邯钢共投资搞了129个技改项目，没有一个是不见效益的。

市场成本当头，就必然抓质量；市场成本当头，就必须抓品种；市场成本当头，就必然抓降耗、必然抓产销率、必然抓资金运营效率。在这些方面，邯钢5年的实践都可以提供一笔笔惊人的细账。5年来在原材料不断涨价的情况下，邯钢吨钢成本则以平均每年超过4%的速度下降。就这么一项，效益即达8亿元，占5年利润总额的37.2%。

邯钢人的体会是，抓住了市场成本，就可以自觉地实现由产品经营到资本经营的过渡，从粗放到集约的转变也便是题中之意了。

刘汉章有句话说得可能让个别企业难堪：很多条件不错的企业经营亏损，能说出千条万条理由来证明亏得有理，但他能不能拿出他的经济指标来与同行先进水平、自己的历史最高水平比比？能不能按这个水平确定一个市场成本？如果在企业各项经济技术指标都达到先进水平的情况下，企业仍亏损，那时再来谈客观原因。

刘汉章说这句话有本钱：1995年，在冶金行业考证的43项技术经济指标中，邯钢在65%的指标中进入前3名。

愿邯钢天长地久

企业的领导人怎样才能做到敢？我们怎样才能保证让敢的人登上企业的领导岗位？

这是一份担心，更是一份祝愿。

采访邯钢前以及采访邯钢后，很多人问我们同样一个问题：离开了刘汉章以及邯钢目前这个团结进取的班子，邯钢会是什么样？

这个问题我们问过刘汉章，他说，那得看新上来的是什么样的人。

党委书记王国兴说，从厂长讲，看他有没有刘汉章的能力和觉悟；从班子讲，看这个班子能不能维护厂长的权威，厂长的权威也是一种资源。

对前去邯钢取经的人，刘汉章讲了这样的话：邯钢经验是十分简便易学的，但难在实行。邯钢经验能否推开，关键在于厂长以及班子如何面对这“五个敢不敢”：敢不敢“推墙入海”，让企业在市场竞争中求生存、求发展；敢不敢在“否决”上动真格的，不迁就，不照顾，不讲客观原因，坚决停产那些质次价高的赔钱产品；敢不敢下决心剥离和清除依附在企业身上的各类“寄生”公司；敢不敢从严治厂，坚决堵住各种弄虚作假的漏洞和资产流失的阴沟；敢不敢拉开分配档次，使那些工作突出的职工先富起来。

关键就在这里：企业的领导人怎样才能做到敢？我们怎样才能保证让敢的人登上企业的领导岗位？

只有加快现代企业制度的建立，从制度上保证企业真正实现自主经营、自负盈亏、自我发展、自我约束；提供良好的环境，加快造就有社会责任感、有竞争力、有凝聚力，责、权、利统一的社会主义企业家队伍。

（选自 1996 年 11 月 20 日第 36 期《华为人》报，作者王清宪、于绍良、程远）

11. 把力气花在刀刃上——何时何处需要创新之我见

在我们未进入的一个全新领域进行产品开发（华为未有这种项目），对公司已拥有的成熟技术，以及可以向社会采购的技术，利用率低于70%，新开发量高于30%，不仅不叫创新，反而是浪费，它只会提高开发成本，增加产品的不稳定性。凡是说我的项目，全部都是我做，未利用别人的成就，这种人一定不能按有创业创新精神来加薪酬，而且行政上不能做项目经理。

——摘自《任总看创业与创新》

我们是中研人，不断创新就是我们吃饭的本钱；我们还要学习“创新”？简直是笑话！老大不情愿地参加学习，为讨论发言而不得不细读手中的学习资料，渐渐发现，咦，这次讲的“创新”，和我字典里的解释，好像不是一回事。

揣测老总们的讲话精神，我原先对创新的理解似乎只能被归到“庸俗、狭隘”一类。回想去年加入BTS软件组初期引以为傲的“创新”举动，不禁惴惴不安。

那时我负责软件下载和数据配置两个软件模块的设计。依着我一贯自以为追求完美的理念，当我发现从主机架间下载的子模块有可能通过特别设计使得整体下载耗时有些许缩短时，立刻放弃采用各子模块通用的简单队列算法，花了不少时间精心设计了一种复杂烦琐的特殊队列操作方式。曾为自己的杰作兴奋不已，又唯恐他人不能理解，在详细设计的文档中用大量篇幅论证了这种方法。

在项目组内的代码走读中，当我沾沾自喜地介绍完有关代码（想当时潜意识里可能还期待着满场掌声)，项目经理却立刻泼了我一头冷水！不使用通用算法的额外编码、调试、测试工作量有没有想到过？过于复杂的设计引入的不稳定性有没有考虑过？此处性能上的细微改进是当前最迫切需要解决的问题吗？所有这些问题的答案都是否定的。因此，在强调了当前我们的产品设计“压倒一切的是进度和稳定”后，项目经理请我自行决定取舍。

我费尽心机的“创新”居然不被承认，这是以前在学校做课题时从未碰到过的问题。心里一百个不服气，可眼看后面的调试计划时间紧迫，要我在调试了通用算法后，再为这个小模块单独进行可能比其他模块加起来工作量还大的调试，的确不大可能，只能悻悻地改变设计。当然，“创新”设计文档全部备份到服务器上——哼，总有一天你们会发现这是多么的科学、合理！

调试按期完成的时候，虽然仍有些遗憾，但心中暗暗庆幸：“幸好改了设计，不然调试起来可真够烦的。”接下来就是把程序交给测试组做单元测试了。测试是非常烦琐的工作，为保证完备性要尽量穷举，测试所有的输入排列组合情况，工作量超出我的想象(在此向所有测试组的弟兄们致敬！)。我曾与测试人员开玩笑说，“若按我原来的设计，你们更要忙得人仰马翻了”。这时我不得不承认，“创新”的代价可能会太大。

随着开局日期日益临近，每个人手头仿佛永远有调不完的程序，而每项调试任务对于开局成功都很关键和重要。偶尔想起当初的“创新”，只有付之一笑：下载时缩短半分钟，比起现在这些任务，真是不值一提。感谢我的项目经理！他对我“创新”的否定使我和测试人员有更多的精力投入到其他更有价值的工作上去。整理服务器备份时，我仍然没舍得删除那份“创新”文档，但这次只是出于回忆的需要——就让它成为我当初幼稚的见证吧。

进华为快一年了，从学校带来的那股子学究气渐渐散去了，实际开发工作也使我更辩证地对待时常从脑子里迸出的“创新”火花，再也不会像当初那样认为“只要是创新就是好的”，只是从来没坐下来仔细思考过究竟该如何正确理解“创新”二字。围绕“创业创新”的学习犹如当头棒喝，一下使原本模糊的认识变得清晰。

公司需要的“创新”，前提是尽量降低开发成本、缩短开发周期、目的是使我们的产品更符合客户的需求，更有市场竞争力。一切违背了这个最终目的的“创新”行为，如果真的应用到实际开发中，一定是不合理的。

“资源永远是稀缺的，经济学研究的正是如何利用有限稀缺的资源，通过合理分配，获得尽可能多的收益”。这是我大学时的经济学教授给我们上第一堂课时讲的话。套用这句话到每个新产品开发上，公司的人力、物力资源（开发成本）和时间资源（开发周期）总是稀缺的，开发要解决的问题，正是如何正确安排分配各项资源，得到用户满意度最高的产品。套用这句话到每个开发人员身上，一个人无论多么有才干，个人的时间和精力总是有限的，我们的开发工作，是如何把它们投入到最需要“创新”的地方（而不是无谓重复别人已做过的“创新”或盲目“创新”），使得对整个产品的贡献最大。用一句俗话来讲，这里的道理就是：“力气要花在刀刃上。”任何时候，任何方面的“创新”，如果目标错了，力气全用在刀面、刀背、刀把上了，就不能称之为“创新”，而只是一种对资源的浪费！

对创新精神的评判也要有目标和导向，不能简单地从表面的数量和大小上衡量。像前面提到的我那不合理的“创新”，虽然听起来不错，而且是几天就可拿出一个来，但和目标不符，就该批评。测试人员的工作，将所有智慧投入到对别人程序的测试，看起来似乎没有新意，而且说不定到后期几星期、几个月才抓到一个 BUG，但对产品贡献巨大，这就是最大的创新。

我现在负责调试的底层通信模块，影响到系统联调和开局，一个小问题的定位有时就要花几天时间，重复的分析比较工作烦琐之至，但每当解决这样一个小问题，我仍然有巨大的成就感。通过合理的调试手段，尽快找出问题并解决，我认为这也是一种创新。一鸣惊人的是创新，平平淡淡的未必就不是创新。

若能保持时刻准备创新的冲动，我觉得我具备了作为一个研发人员的基本素质；若能冷静地分析每个“创新”萌芽的可行性，理智地打消所有和产品开发目标不符的“创新”念头，我觉得我已经成长为一个合格的研发人员了；若能真正将“板凳甘坐十年冷”的精神融会到实际工作中，为使产品更好地满足客户需求，甘愿啃别人啃剩下的、不愿啃的硬骨头，在枯燥的稳定、优化工作中重复再重复，只为追求最终哪怕只是一行代码、一个变量上的点滴“创新”，我觉得这才是一个优秀的研发人员！

（选自 1999 年 2 月 8 日第 83 期《华为人》报，作者郑铭）

12. 由“不拉马的士兵”想到的

在管理界，“不拉马的士兵”这一案例流传久远：一位年轻有为的炮兵军官上任伊始，到下属部队参观炮团演习，他发现有一个班的11个人把大炮安装好，每个人各就各位，但其中有一个人站在旁边一动不动，直到整个演练结束，这个人也没有做任何事。军官感到奇怪：“这个人没做任何动作，也没什么事情，他是干什么的？”大家一愣，说：“原来在培训教材里就是讲这样编队的，一个炮班11个人，其中一个人站在这个地方。我们也不知道为什么。”军官回去后，经查阅资料才知道这一个人的由来：原来，早期的大炮是用马拉的，炮车到了战场上，大炮一响，马就要跳就要跑，一个士兵就负责拉马。到了现代战争，大炮实现了机械化运输，不再用马拉，而那个士兵却没有被减掉，仍旧站在那里。从管理学的角度讲，这位军官发现并减掉了“不拉马的士兵”，其实大大提高了管理效率，减少了资源浪费。

在许多企业里都可能存在“不拉马的士兵”。比如企业改革或所处的环境发生了变化，比如企业的工作流程或工作方式发生变化，再比如企业的技术进步或众多方面得以革新等，如果企业自身没有意识到，并仍遵循原来的运作模式，此时，也许就会使一些人力、物力出现“不拉马”现象。“不拉马”现象直接占用了企业的资源，使组织运作的效能降低。也会大大影响企业内部的公平氛围和员工对公平的感觉。企业组织是一种流程和链条，单个管理者或员工对组织目标的贡献在很大程度上受到其他岗位员工表现的制约。每个环节的波动有正向的，也有负向的，但由于存在相互依赖性，使得正向的贡献不能积累，而负向的贡献反而逐渐积累。所以从整个组织的产出来看，这取决于最薄弱的环节或链条，而管理不到位却又加剧了这一种“瓶颈”。那么如何防止“不拉马”现象呢？

一是要激活员工的潜能。闲置是一种浪费，更是企业组织不到位的一种表现。知识经济时代，企业进入扁平化的组织结构。扁平化组织结构的竞争优势在于不但降低了企业管理的协调成本，还大大提高了企业对市场的反应速度和满足用户的能力。管理人员现在的管理幅度远比以前大，基于价值的管理强调在各个层面上都能作出有利于增加价值的决策，从而要求上至总经理下至一线员工都能树立创造价值的观念，以实现在组织内部传达管理部门的期待目标。企业只有通过培养员工实现令行禁止的团队精神，树立“要做就做最好”，才能形成“以集体荣誉为重”的良好团队工作氛围，才能使“人与人的合作绝不是简单的‘1+1=2’的过程”。

二是企业需要数字化。企业数字化可以提高管理效率，能够及时发现和回避“不拉马”现象，这有利于企业组织形式的进步和优化。调查显示，实现了高度数字化的企业的业绩和获利表现要远远超过竞争对手。除了能节省成本，数字化企业还能够更深入地了解自己的顾客，它们通过资料收集和资料分析与每个顾客发展成学习型关系，因此更能够感知到顾客的需求并向他们推荐其他产品和推动顾客对产品的升级。戴尔公司就知道在什么时候应该发电子邮件给自己的顾客，并提议他们进行电脑升级。事实上，戴尔公司把每位顾客都视为“需个别回应的消费者”，而非“一般的消费者”。企业利用信息技术改造生产、经营和管理，能够集成和整合信息流、资金流和物流，从而发挥信息化在企业发展中“倍增效应”的作用。

三是要善于沟通。沟通是管理的基础，是了解情况的措施，管理者只有善于沟通，才能有利于减少“不拉马”现象。良好的沟通能让下属和员工感觉到企业对自己的尊重和信任，从而产生极大的责任感、认同感和归属感，促使员工以强烈的责任心和奉献精神为企业工作。任何企业都会不同程度地存在沟通不到位的问题，这一问题解决不好，一方面会影响公司的效率，另一方面会影响公司的决策，甚至会导致公司战略目标摇摆不定。有关研究表明：管理中 70% 的错误是由于不善于沟通造成的。美国通用电气公司从最高决策层到各级主管，均实行敞开式办公，随时欢迎职工进入他们的办公室反映各种情况。正是在这种感情沟通式的管理下，通用电气公司的发展速度远远超过其他公司。

企业存在“不拉马的士兵”是因循守旧的表现，是管理不到位的表现，是不能有效沟通的表现，企业管理层只有善于管理、善于变革，才能提高管理效率，释放管理效应。

（选自 2003 年 5 月 15 日第 140 期《华为人》报，作者夏志琼）

13. 鱼和熊掌可以兼得——如何达到质量与时间的互赢

在企业经营管理中，我们不可避免地会遇到速度与质量，先进与稳定，质量与数量等诸多两难问题。面对矛盾冲突，我们又往往不加思索地认为：鱼和熊掌是不可兼得的。比如为了速度只有“暂时”委屈质量。当真如此吗？这里通过速度 VS 质量这对矛盾冲突的剖析，来探讨如何运用管理艺术使矛盾从冲突走向和谐。

系统分析，发现问题根源

不及早做必要的事，就会经常面临紧急的事。如果背负着沉重的过去，必然在新的一轮未来中落后，又孕育出新的一轮“紧急”。

一直以来，我们总是强调“时间不够”，产品决策会议上，总是有很多紧急的事情需要特殊处理，于是流程、质量、长期建设等，统统靠边。我们并不否认确实存在紧急情况。但如果长期的、大范围的存在“紧急”情况，就可能是我们管理上存在问题。其实通过分析企业对机会窗的响应过程，我们就会明白，是谁偷走了我们的时间。之所以我们会时常面临实施时间过短的压力，是因为我们在认知和决策过程中贻误了过多的战机。

在认知过程中，我们常会犯“骄傲的兔子”式错误——睡着了，对变化的世界不去了解；或因为习惯、评价牵引等原因而不重视前瞻；或整日为紧急事务所纠缠，没有投入足够精力去和客户一同分析、引导未来，结果对市场新需求没有感觉或认知很晚，在认知阶段就损失了大把时间。在决策过程中，我们还会犯“醒得早，起得晚”的错误，很早就预见到客户需求，但不敢做“痛苦”的决策。由于迟疑，决策时间又被消耗掉了。等到下定决心，PDT 经理[①]接到项目任务书时，已到了“富于挑战性”的紧迫时刻，供实施的时间所剩无几（这里并不否认少数不可避免的突发事件）。

比如本来按照业内的最高效率，某产品从立项到市场发布至少要六个月，但我们能给 PDT 项目组的实际时间只有三个月。“机不可失，时不再来”，PDT 经理只得带领全组成员，匆忙上阵做最后的冲刺。他们心急如焚，来不及做系统的科学分析，来不及听取各技术专家的意见，就定下实施方案。结果欲速则不达，在实施过程中又难免翻来覆去地修改，于是加班加点，不走流程、不按规范等种种手忙脚乱的现象时有发生。更有甚者，由于匆忙，生产所需技术和客户各种需求没有时间很好整合，产品就很难达到“整体最佳”的状态，也难免留下某些缺陷。

形成的恶性循环将是，一个有缺陷的产品一旦推向市场，就会耗费大量的时间去“救火”，去频繁升级版本，从而浪费我们未来的时间。未来的时间含金量更大！如果背负着沉重的过去，必然在新的一轮未来竞争中落后，又孕育出新的一轮“紧急”。

方向明确的行动决定一切

落实一个组织实体，系统地、前瞻性地把握市场需求，适时决策，是在前端赢得时间的根本保障。

---

① PDT 是 Product Development Team，PDT 经理即产品开发小组经理。

近年来，有关把握市场需求的新观念层出不穷：发现利润区，创造新增长点，领先响应客户需求等等，对此，企业人几乎如数家珍。然而，贵在行动！管理的成功不在于逻辑，而在于有保障地落实。

要赢得认知时间和决策时间，最关键的是要有一个组织实体作保证。所谓组织实体，就是这个组织要为“在合理的时间让员工做正确的事”这一重要目标负责。这个实体的工作是常规的，而非想起来做一下，忙起来放一下的“弹性”工作。这个团队的工作方式要制度化、程序化和规范化。这个团队应有两个层面，一层是决策支持层，另一层是决策层（拍板层）。

决策支持层的主要任务是通过科学方法，建立信息收集系统，及时、准确收集相关信息，整理加工信息，系统分析信息，使信息真正成为可供决策层决策的资讯，并提供多种决策方案，供决策层决策时参考。这样对决策层才能起到辅助、支持和促进作用。所以这批人必须既懂总体技术，又有敏锐的市场感觉和丰富的市场经验；必须集中公司内这方面的强人形成一支精干的队伍。

对决策层而言，必须明确，任何决策支持班子的工作，都不能代替决策层对决策应负的责任。因为他们高瞻远瞩，统观全局的角色是决策支持层无法扮演的。决策层应有自己第一手的资讯，他们通过与供应链各合作伙伴、竞争伙伴、社会各重要高层接触，所得到的第一手资讯往往更重要。拍板只能由决策层负责。任何个人对问题的看法，难免偏颇，因此决策层应是一个极富战斗力的团队，它通过良好的沟通，系统的思考做出的决策正确性更大。要点有：

程序化：建立成熟的运作流程和模板体系；

民主化：发挥集体智慧的威力，充分利用决策团队中的个体差异，激活创造性思维，使方案得到立体的审视，使得决策方案更符合公司的目标；

科学化：IT 系统支持数据信息，系统思维方法的运用。

总之，赢得时间最重要的是高瞻远瞩，它保证我们做正确的事。前瞻性地把握市场需求，适时决策，是赢得时间的第一步，也是关键的一步。

用正确的方法去做正确的事

恰当的工作理念与工作方法可以为我们赢得更多的实施时间。

缩短实施时间，需要依靠一系列先进的理念和成熟的方法论，包括公司在实践过程中的单元技术开发管理，知识集成应用，信息高频应用，并行工程等。

（1）建立自己的单元核心技术数据库

目前任何一个满足客户的产品，都是集各种科学技术之大成，如果我们每推出一个新的产品，所有涉及的单元技术都得从零开始，那么无论如何都是不能领先的。如果所涉及的核心技术都未经过长期实践的考验，产品的稳定性就很难把握。因此为了提高响应速度，公司必须有自己的单元核心技术数据库，必须有掌握各种单元技术的一流技术专家。

（2）“人类时间观”是我们利用知识的导向

每位员工都应该提高知识集成应用的能力。要认识到“知道谁在某领域懂得最多”的知识，比自己拥有某方面的知识更重要。这是一种不断获得新知识的能力。知识集成应用的能力是知识经济时代企业新的核心竞争力，是企业一种极重要的创新能力。拥有知识不等于拥有财富，如果我们不能以自己已拥有的知识去集成人类的知识为社会创造新的财富，我们就只能是孤芳自赏，自我陶醉，社会不会给我们财富。

我们还要认识到在人类的知识库中，已被文字、图表等方式表达出来的外显知识，只是人类知识的冰山一角。人类尚有更多的知识存在人的潜意识中，处于可以意会，不能言传的状态（被称为内隐知识）。内隐知识要通过人与人之间的合作共事，深入沟通，反复切磋，通过隐喻、概括、形象描述等方式才能促使它外化，然后达到共享的目的。这是人类知识创造的一种过程。人类全部历史离不开知识的继承与创新。离开继承人类没有今天，离开创新人类没有明天。我们要从知识的继承与创新这一新的角度认识时间——“人类时间”。我们要用“人类时间”观去赢得速度，赢得竞争优势。

华为“不犯重复的错误”“不做重复的发明”的企业文化，说明华为人对“人类时间”观早有觉醒。几年来华为管理变革中特别注重资料库的建设工作。ITMT（集成技术管理团队）、TDT（技术开发团队）已经开始运作，都表明华为人已把“人类时间”观落实到行动上，“人类时间”观已变成了我们“使用的真理”。

（3）重视数据分析与利用

在这里特别强调如何提高数据资料的重复利用率问题。众所周知，华为的数据资料是华为的无形资产。然而，数据资料不加以整理就不能成为信息，信息不加以分析就不能成为知识，而知识不用智慧去应用就不能变成有形资产。因此，无形资产的价值，取决于数据资料整理分析及有效传播，重复使用的状况。这一点却不被人们所重视。一个企业的信息、资讯被重复利用的次数与企业的创造能力之间的关系是一种指数关系：

产品创造能力 =（企业资讯、信息被重复利用）^{n}

其中 n= 利用的次数

从这一角度去重新理解数据资料部门的角色非常重要。从上述分析，我们期待数据资料部门是企业资讯信息的传播者、推销员。他们要把数据资料经过整理分析，变成有用的信息，并用正确的方法适时地传递给急需的人；引导人们通过便捷的渠道，准确地找到他们所需的资讯。他们也要主动了解“客户”的需求，变被动服务为主动服务。数据资料部门一定要理解企业对他们真正的期望是什么。不能简单地将自己的工作理解成资料仓库的保管员，那样的理解不但使自己工作起来没有劲，工作结果也会让企业大失所望。

（4）多管齐下的并行工程

在工业经济时代发展起来的“并行工程”理论和实践，大大提高了企业对客户需求的响应速度。在发达国家，并行工程不单在企业内的研发、制造、销售、服务各环节中使用，同时也在供应链各企业间应用。比如，某汽车制造厂一种新车型构想出来时，制造车辆的设备供应商，也开始为这个汽车制造厂设计生产这种新车型的生产装备。一旦决定投产，生产装备可以立即到位。目前公司推行的集成产品线管理运作模式，是实施并行处理最有效的方法。

总之，好的理念、方法是很多的。但任何管理制度与运作模式都是由人操作的。一种管理制度和运作模式是否有效与操作者的素质、行为习惯、心智模式有关。“师傅引进门，修行靠个人。”我们要自觉地引导和调教自己，使自己从粗放型的工作文化中解放出来，逐步养成集约型的工作习惯和文化。

质量与时间可以达到互赢

客户需求＋单元技术＋集成能力＝快速稳定，整个运作就进入了一个良性循环，鱼与熊掌可以兼得。

过去我们看到比较多的是质量与速度的“矛盾不相容性”。事实上当我们做正确的事，而且用正确的方法去做事的时候，质量与速度是相辅相成的，并且天然地和谐相处于一个系统中：高质量的上游工作为下游赢得充足的时间，保证下游高质量地完成工作目标，高质量的下游工作又为未来的投入赢得时间。

由此可见，只要设计好运作机制，把握好市场、技术、标准，建设成熟的单元技术库，培育快速有效的技术集成能力，我们就可以对市场需求进行高效的响应，大大节约实施过程的时间。而快速输出高质量的产品后，赢得的客户信赖，树立的企业品牌，都有利于占领信息和机会制高点；同时又为我们赢得时间和精力去做好下一步的业务方案、基础建设、产品开发等工作。这样客户需求＋单元技术＋集成能力＝快速稳定，整个运作就进入了一个良性循环，鱼与熊掌可以兼得。

那么以上思路是否过于理想化？不是！公司近年来的流程组织变革，已经为我们提供了很多好的方法论来支持我们的具体实践。比如建立营销工程部等责任部门，通过分析客户需求，根据客户需求的轻重缓急，优化投资组合，将版本路标做好，保证产品投资的高效性；通过应用IPD结构化流程，采用规范化的项目管理与资源平衡管理方法，保证产品开发过程的顺利进行；通过把核心技术做成单元技术，提前形成可重复使用的共享模块，加强系统工程的整合能力，采用异步开发模式缩短开发的时间，降低综合成本；通过建立跨部门的产品管理与开发团队，并辅以有效的考评体系来保证整个产品开发有效地进行。这些方法论的成熟运用将推动质量及速度指标的共同提高。

总之，时间与质量寓于同一个矛盾体中，双方既对立又统一。“鱼与熊掌不可兼得”的论断，其实是一种非此即彼的形而上学的思维模式，过分强调了矛盾的对立性，而忽视了矛盾的统一性。管理的艺术就在于从矛盾对立的两难中，寻找和谐统一。寻找的过程就是管理创新和技术创新的过程。找到了和谐，鱼和熊掌就可以兼得。

（选自2003年5月15日第137期《华为人》报，作者陈珠芳）

第三章

CHAPTER 3

在冬天来临前自省：预知危机，直面困难

14.AQ：成功人生新概念

AQ（逆境商数）是继 EQ（情商）后风靡世界的又一种成功心理学理论。AQ 的价值和意义何在？如何培养和提高 AQ？这些都是人们普遍关注的话题。

现代人通常把成功定义为人在追求一种目标时克服一切困境和障碍，达到或实现目标的程度。AQ 理论的倡导者保罗·史托兹博士指出，IQ（智商）和 EQ 是人生成功的基础因素，而 AQ 才是关键的决定因素，它是预测和决定人生成功的世界性指标。

AQ 是英文 Adversity Quotient 的缩写。它是指人面对逆境时的反应方式，即人指引自己面对挫折、摆脱困境和超越困境的心理能力。其核心是意志和智慧的整合能力。

AQ 水平一般有高、中、低三个层次。在现实生活中与之相对应的有三种人："攀登者""半途而废者"和"放弃者"。一般来说，高 AQ 者的人生目标取向是明确的，坚信"谋事、成事都在人"，因而生活态度积极乐观，自我意识以肯定性的、可能性语言为主。中 AQ 者的人生取向较为模糊，生活态度爱依赖、退缩、等待、听天由命，自我意识中多是妥协、易满足、不思进取。低 AQ 者缺乏人生目标，生活态度沮丧、懒散、逃避，自我意识以否定性、不可能性、限制性语言居多。

面对困难时的反应方式及目标是 AQ 高低的试金石。AQ 高者，无论顺境、逆境都能一如既往地积极进取，面对逆境和挑战时知难而进、逆流而上，困难越大，越能激发其斗志和潜能。中 AQ 者面对逆境时不敢冒险，听天由命。低 AQ 者面对逆境时感到失望、无助和沉重的压力，因而常常弃甲而逃。

AQ 与 EQ 的不同之处是，前者具有更强的后天习得性和养成性。因此，AQ 具有教育价值和意义。特别是以提高逆境商数为目标的 AQ 教育，是一项新的、必不可少的教育内容。尤其是在今天这个充满竞争、充满逆境的市场经济时代，逆境教育更为必要。对于儿童、青少年心灵的成熟，逆境的磨炼较顺境的安逸更有意义。

AQ 对于大家而言都是一个崭新的概念，现本人将自己的一点看法提出来，与大家共同讨论。

AQ 是指人们面对挫折做情景判断时的心境状态及其反应。心境状态有积极的心态（PMA）和消极的心态（NMA）之分。

“人生逆境十有八九”，对挫折情景的判断是决定人们成功与否的直接因素。战胜挫折首先是要战胜自己消极的心态，有位学者提出一条称之为“PMA 黄金定律”的人生哲理：人与人之间只有很小的差异，但这种很小的差异往往却造成巨大的差异！很小的差异就是人所具备的心态是积极的还是消极的，是“P”还是“N”，这只是一字之差。而巨大的差异就是成功与失败。有些人面对困难总习惯性地认为他们的境况不好是环境造成的。似乎是环境决定他们的人生位置，然而，我们内在的环境——心理环境却完全由我们自己去选择，如果你不满意你自己的境况，想力求改变，则首先应该改变自己的心理环境，提高自己的 AQ。纳粹德国集中营的一位幸存者维克托·费兰克说过：“在任何的特定环境中，人们还有一种最后的自由，就是选择自己的心态。”这样看来，虽然 PMA 不能保证你心想事成，但 NMA 一定会导致你失败。

谈到 AQ 时，人们常举这样一个例子，某鞋厂有 A、B 两个推销员，先后到某岛推销皮鞋。A 到了某岛，看到满街的人光着脚走路，A 想，这里的人根本就没有穿鞋的习惯，这里没有皮鞋市场，一阵懊丧感涌上心头，掉头就跑。然而，换了 B 去，看到满街的人光着脚走路，B 想，这里的人全都光着脚，没有鞋穿，这个市场大得很啊！扎下根来，这里的人没有穿鞋的习惯，但客户需求是可以引导的，只要帮助他们认识穿鞋子的好处，穿鞋子如何舒适，如何方便……

在现实生活中，面对挫折，常常有各种不同的行为反应，有像阿Q那样，对环境奈何不得，只能背地里发泄一通，以缓解心里的不平；还有以“安之若命”的态度，处之泰然，以减轻内心的压力。应该说这两种反应都属消极反应。他们相信“谋事在人，成事在天”的信条。不能说AQ高。先人申涵光说：人遇逆境，无可奈何而安之若命，固是见识超群。然君子用以力学，借困衡为砥砺，不但顺受而已。荀子还讲过：从天而颂之，孰与制天命而用之？AQ高的人，他们明白自然的力量是无法抗拒的，但他们更知道可以“借力使力”，运用自然规律的力量改造自然。他们的人生信条是：“谋事在人，成事亦在人。”逆境往往能促使自身观念的改变，使人能以全新的观念去看待人和事，使人能重新审视自己，重新看待生命的意义；并由此获得难能可贵的创见，从而找到冲出逆境的途径。他们走的是一条“先改造自己的主观世界，然后再改造客观世界”的道路。

AQ高是人生的一笔难得的财富，大多数学者认为AQ是后天培养的，在提高个人AQ方面，学者们也介绍了许多方法，在这里介绍几种，供同仁参考。

（1）首先要内化一种价值观——内部导向。心理学认为：人们对身边发生的事有两种不同的假设：一种人认为，发生在自身或与自身有关的事情是由自身的原因造成的——内部导向；另一种人则认为是外部原因造成的——外部导向。这是两种不同的价值观。使用内部导向价值观的人在逆境面前力求找到内部的因素，通过改变内因去创造有利的环境，只有这种人在逆境面前才不会怨天尤人。他们认为怨人者穷，怨天者无志。怎样才能让内部导向这种价值观内化到潜意识中去呢？首先要养成待人做事有责任心（敢于承担责任，不推卸责任）的习惯。责任心为什么那么重要？比如，某一片市场在我手中丢掉了，若首先想到的是为如何“脱身”而找理由，理由肯定是很多的：竞争对手太厉害了，客户太刁了，政府的政策对我们不利……我们的责任呢？没有了！既然没有责任，就无须改造自己的主观世界。然而，改造自己的主观世界，是改造客观世界的前提啊！责任心太重要了，对自己要有责任心，对公司要有责任心，对父母要有责任心，对妻儿要有责任心，对国家要有责任心。在失误面前，只有不能原谅自己的人才能养成待人处事有责任心的习惯，当这一习惯种到潜意识中时，内部导向的价值观自然就内化到潜意识中去了。使用内部导向价值观的人，每一次经历了逆境之后，都使自己获得了很大的发展和成功的机遇。

（2）有意识地为自己营造一连串的小成功，强化自我的 AQ。一个人的 AQ 低，往往是在持续失败的挫折下潜移默化形成的。在这种情况下，我们更要积极地去挽救自己的 AQ。最好的办法是：把自己承担的任何事情争取做得更漂亮，但不是一味追求完美；同时把应该做，但自己内心又不感兴趣的事做得尽可能的好。在这些一连串的小成功中树立起一种“我有能力克服困难做好我要做的事”的自我形象。积极的心态也随之种到自己的潜意识中，变成自己一种较稳定的对挫折情景作判断的思维习惯。当我们把自己看成成功者时，我们就开始走上通往成功之路。

（3）多与那些乐观、上进，喜欢赞美别人的人做朋友，并积极地鼓励和影响周围的人。

（4）不要扮演那些喜欢取笑别人，遇到困难就打退堂鼓，在团队中抱怨不迭的角色，这样对自己、对团队都是负面的。要训练自己总能看到别人内在的优点和价值的能力。

（5）培养乐观心态，听一些愉快和鼓舞人的音乐。

（6）失败时要寻找导致失败的心智模式，不要大而化之地归罪于“天生的无能”。更不能以过去失败的经历来影响今天面对挫折的心理状态。不要做一个受制于过去失败的自我困兽，要用多想自己的优势的方法冲出自制的樊笼。

（7）当你一时冲不出自制的樊笼，情绪低落时，不妨去访问孤儿院、养老院、医院，或与有生活磨难阅历的人沟通，看看世界上除了自己痛苦之外，还有多少不幸。

（8）多阅读一些催人向上的书籍，尤其是人物传记、历史故事。

谁想收获成功的人生，谁就得着力去培养自己的AQ、谁就得要当个好农民。不断地去耕耘自己那块心理天地，我们决不能仅仅播下几粒积极乐观的种子，然后指望不劳而获，我们必须给这些种子浇水，给幼苗培土、施肥，否则杂草（消极心态）就会丛生，直至庄稼（积极心态）枯死。AQ只能在努力奋斗的土壤上茁壮成长。

（选自1999年5月15日第88期《华为人》报，作者陈珠芳）

15. 在危机中获得新生

危机的存在是不以人的意志为转移的，关键是如何对待危机。悲观、彷徨、不知所措的人肯定会在危机中走向灭亡，只有用严肃认真的态度对待危机，不躲避，不敷衍，才能在最艰难、最困苦的时候磨炼人的意志，锻炼人和提高技能，才能驾驭危机，进而渡过危机。自古华山一条道，华为公司能够而且只能经过高质量、低成本、好服务这条道路，别无它道。我们已认准了这个理。高级干部面对危机，必须挺身而出，不躲避、不敷衍；必须坚定立场，而不是彷徨、不知所措；必须坚定信心，而不是悲观、找借口，束手待毙。

萧条并不是危机的唯一结果，每次危机都孕育着新生。因为危机正是重新洗牌、构筑竞争优势的最好时期。处于行业危机中的华为，正面临着在洗牌和重新划分地盘中取胜的机会。一方面，由于世界各国通信发展极不平衡，相当多的发展中国家和不发达国家存在着较大的通信需求。而世界通信设备巨头的裁员和资本市场的压力促使其放弃了部分市场，降低了对这些市场的服务等级。华为经过多年的海外市场拓展，已在这些市场奠定了良好的基础，凭着高质量、低成本的产品和解决方案及良好的服务恰好能填补空缺，满足这些市场的需求。另一方面，由于欧美的运营商不少处于负债之中，如何低成本地优化网络，满足客户需求是其首要考虑的问题。华为的低成本、高质量产品是其优选方案之一，同时也是进入这些发达国家市场的最好时期。此外，经过多年在国内市场的持续投入和拓展，主流运营商越来越强烈地认为华为是其优选战略合作伙伴之一。由于华为对中国客户需求的深刻理解和快速响应能力，越来越多的运营商愿意与华为结成战略合作伙伴来构筑其竞争优势，以快速满足其客户需求。同时要看到国家的一些政策，使得有些市场有一个长期持续增长的空间。

总之，处于行业危机中的华为，海外市场的机会大于国内市场，国内市场也并非所有产品市场都萎缩，而是既有增长，又有下降。华为只有抓住面临的机会，才能达到重新洗牌和构筑竞争优势的目的。为此我们必须做到：

（1）高级干部要克服困难，带头奔赴海外市场。

因为海外市场经过多年的拓展，已奠定了一定的基础。但目前缺少对市场有“嗅觉”、能发现机会的主管。而高级干部由于具有多年的市场拓展经验，具备了发现机会、挖掘机会的能力和经验。如果有一批具有“嗅觉”的高级干部充实到海外一线市场，能为海外市场带来事半功倍的效果。语言不是高级干部拓展海外市场的障碍，我们借助翻译同样能“嗅”到市场的机会。国外公司拓展中国市场的第一代、第二代主管基本没有懂中文的，但他们照样在中国市场取得了成功。

（2）机动、灵活调动资源，构筑面向机会的兵力优势。

针对海外市场的机会，我们进一步鼓励和调派国内市场的优秀干部奔赴海外市场一线。针对国内市场的机会，将从直销体系调派高级干部和优秀员工充实到营销队伍。总之，无论哪里有机会，我们都要调动资源构筑优势。

（3）解放思想，增强狼性。

因为危机中的机会不是显而易见的，不是墨守成规者能发现的；我们只有解放思想、增强狼性，才能创新，才能发现机会，抓住机会。解放思想，首先要转变市场观念，关注客户需求不能仅关注客户投资计划表上的数字，更要关注客户的真正需求是什么。以前的电信市场是卖方市场，客户只管制订投资计划，然后按计划建设就行了。现在市场发生了变化，变成了买方市场，而客户的投资计划制订方式没有变化，所制订出来的投资计划很难反映客户的真实需求。因此我们必须向前迈出一步，主动了解客户的需求，然后告之于我司的客户。需求决定一切，客户有需求、竞争有需求，运营商自然就会去投资、去建设。真正的需求是由客户决定的，是必然的，出现早晚只是时间问题。要通过分析客户的潜在需求和现实需求，看到存在的市场机会，要敢于去引导、去创造项目。要敢想，用创造性思维开展工作，不要受到条条框框和纸面数字的约束，不要把客户的投资计划作为指导我们一切工作的“圣经”。

解放思想，必须以目标为导向，打破束缚思想的条条框框，我们的工作导向是什么，是目标，是公司的总体目标，即面向每个客户群提升品牌和客户满意度、扩大销售、扩大份额，确保合理利润，达到彼消此长。如果我们总是受思想上的条条框框影响，受自己思想的制约，受小部门意识的影响，我们就不可能有创新，我们的营销方法和手段也不能创新。客户需求是在不断变化的，我们在客户心中的定位也在不断地变化，如果我们不创新，不解放思想，就会跟不上客户的发展，我们就会被淘汰，就会被友商慢慢地蚕食。我们只有快速满足客户需求，超前或同步于客户发展，在营销手段、营销方式上能一直领导潮流，才有可能在市场上立于不败之地。

增强狼性，首先，要提高市场意识，把客户的需求看清楚，把机会看清楚；其次，一旦发现机会，就要持续努力，永不言弃、不达目标永不罢休。如果从一开始就把一些机会和项目贴上不可能或没希望的标签，然后当成我们不去努力争取的借口和理由，那么一开始就注定了失败的结果。只有进一步地增强狼性，才有敢于参与构筑竞争优势的勇气，才会持续努力，达到目标。公司推行规范化、职业化与增强狼性并不矛盾，不能说要规范化、职业化就不要狼性了，也不能说要狼性就不要规范化、职业化了。两者相辅相成，缺一不可。

（4）要发扬“胜则举杯相庆，败则拼死相救”的团结奋斗作风，敢于参与构筑竞争优势的战斗。

过去的成功部分是由行业大环境所造成的，我们不能乐于过去的成功，安于现状。只有在行业面临“冬天”之前，我们比对手多拿到粮食，这才是我们获取成功、增强实力水平的真正体现。当行业处于危机时，我们正面临参与重新洗牌、构筑竞争优势的机会。全体员工，尤其是高级干部，要勇往直前，敢于参与构筑竞争优势的战斗。只要我们继续发扬“胜则举杯相庆，败则拼死相救”的团结奋斗作风，华为就一定能立于不败之地！

（选自 2007 年 10 月 15 日第 192 期《华为人》报，作者徐直军）

16. 华为的冬天

公司所有员工是否考虑过，如果有一天，公司销售额下滑、利润下滑甚至破产，我们怎么办？我们公司的太平时间太长了，在和平时期升的官太多了，这也许就是我们的灾难。泰坦尼克号也是在一片欢呼声中出的海。面对这样的未来，我们怎样来处理，我们是不是思考过。我们好多员工有太多的华为自豪感，是否有些盲目。如果想过的人太少，也许灾难就快来临了。居安思危，不是危言耸听。

我到德国考察时，看到第二次世界大战后德国恢复得这么快，当时很感动。他们当时的工人团结起来，提出要降工资，不增工资，从而加快经济建设，所以战后德国经济增长很快。如果华为公司真的面临危机了，是不是员工工资减一半，大家靠一点白菜、南瓜过日子，就能行？或者我们就裁掉一半人是否就能救公司。如果这样就行的话，危险就不危险了。因为，危险一过去，我们可以逐步将工资补回来。或者销售增长，将被迫裁掉的人请回来。这算不了什么危机。如果两者同时都进行，还不能挽救公司，该怎么办，大家想过没有。

十年来我天天思考的都是失败，对成功视而不见，也没有什么荣誉感、自豪感，而是危机感。也许是这样才存活了十年。我们大家要一起来想，怎样才能活下去，也许这样才能存活得久一些。失败这一天是一定会到来的，大家要准备迎接，这是我从不动摇的看法，因为这是历史规律。

目前情况下，我认为我们公司从上到下，还没有真正认识到危机，那么当危机来临的时刻，我们可能会措手不及。我们是不是已经麻木，是不是头脑里已经没有危机这根弦了，是不是已经没有自我批判能力了。在这样的情况下，如果四面出现危机时，那我们真是可能没有办法了。只能说“你们别罢工了，我们本来就准备不上班了，快关了机器，还能省点电”。如果我们现在不能研究出危机时的应对方法和措施来，我们就不可能持续活下去。

这三年来的管理要点讲的都是人均效益问题。不抓人均效益增长，管理就不会进步。因此一个企业最重要、最核心的就是追求长远地、持续地实现人均效益增长。当然，这不仅仅是当前财务指标的人均贡献率，而且包含了人均潜力的增长。企业不是要大，也不是要强，短时间的强不算什么，要有持续活下去的能力与适应力才最重要。只有不断改进，我们才有希望。但是华为公司有多少员工在本职岗位上在改进，有多少人在研究还能再改进？我们的干部述职报告所有指标都是人均效益指标。人均效益指标降低了，我们就坚定不移地降工资。如果你连降工资都不能接受，我认为你就没有必要再留在华为公司奋斗了。

一个部门领导没有犯过什么错误，但人均效益没有增长，他就应该下台了。另一个部门的领导犯过一些错误，当然不是品德错误，是大胆工作，大胆承担责任，缺经验而产生的错误，而人均效益增长，他应受到重视。若他犯的错误，是集体讨论过的，错了以后又及时改正了，他应受到提拔。各级干部部门，要防止明哲保身的干部被晋升。在一个系统中，人均效益的指标连续不增长，那么主要部门领导与干部部门的人，就应该全部集体辞职。

华为公司老喊狼来了，喊多了，大家有些不信了。但狼真的会来了。今年我们要广泛展开对危机的讨论，讨论华为有什么危机，你的部门有什么危机，你的科室有什么危机，你的流程的哪一点有什么危机。还能改进吗？还能提高人均效益吗？如果讨论清楚了，那我们可能就不死，就延续了我们的生命。怎样提高管理效率，我们每年都写了一些管理要点，这些要点能不能对你的工作有些改进，如果改进一点，我们就前进了。

从最短板入手

要减少木桶的短木板，就要建立均衡的价值体系，要强调公司整体核心竞争力的提升。

我们怎样才能活下来。同志们，你们要想一想，如果每一年你们的人均产量增加15%，你可能仅仅保持住工资不变或者还可能略微下降。电子产品价格下降幅度一年还不止15%吧。我们卖的越来越多，而利润却越来越少，如果我们不多干一点，我们可能保不住今天，更别说涨工资。不能靠没完没了地加班，所以一定要改进我们的管理。在管理改进中，一定要强调改进我们木板最短的那一块。各部门、各科室、各流程主要领导都要抓薄弱环节。要坚持均衡发展，不断地强化以流程型和时效型为主导的管理体系的建设，在符合公司整体核心竞争力提升的条件下，不断优化你的工作，提高贡献率。

为什么要解决短木板呢？公司从上到下都重视研发、营销，但不重视理货系统、中央收发系统、出纳系统、订单系统等很多系统，这些不被重视的系统就是短木板，前面干得再好，后面发不出货，还是等于没干。因此全公司一定要建立起统一的价值评价体系，统一的考评体系，才能使人员的内部流动和平衡成为可能。比如有人说我搞研发创新很厉害，但创新的价值如何体现？创新必须通过转化变成商品，才能产生价值。我们重视技术、重视营销，这一点我并不反对，但每一个链条都是很重要的。研发相对用服来说，同等级别的一个用服工程师可能要比研发人员综合处理能力还强一些。所以如果我们对售后服务体系不认同，那么这个体系就永远不是由优秀的人来组成的。不是由优秀的人来组织，就是高成本的组织。因为他飞过去修机器，去一趟修不好，又飞过去修不好，又飞过去又修不好，我们把工资全都赞助给民航了。如果我们一次就能修好，甚至根本不用过去，用远程指导就能修好，我们将节省多少成本啊！因此，我们要强调均衡发展，不能老是强调某一方面。比如，我们公司老发错货，发到国外的货又发回来了，发错货运费、货款利息不也要计成本吗？所以要建立起一个均衡的考核体系，才能使全公司短木板变成长木板，桶装的水才会更多。

我们这几年来研究了很多产品，但许多西方公司到我们公司来参观时就笑话我们浪费很大，因为我们研究了很多好东西就是卖不出去，这实际上就是浪费。我们不重视体系的建设，就会造成资源上的浪费。要减少木桶的短木板，就要建立均衡的价值体系，要强调公司整体核心竞争力的提升。

对事负责才能高效运行

对事负责制与对人负责制是有本质区别的，一个是扩张体系，一个是收敛体系。凡是要保自己利益的人，要免除他的职务，他已经是变革的绊脚石。

为什么我们要强调以流程型和时效型为主导的体系呢？现在流程上运作的干部，他们还习惯于事事都请示上级。这是错的，已经有规定，或者成为惯例的东西，不必请示，应快速让它通过去。执行流程的人，是对事情负责。事事请示，就是对人负责制，它是收敛的。我们要简化不必要确认的东西，要减少在管理中不必要、不重要的环节，否则公司怎么能高效运行呢？现在我们机关有相当多的部门，以及相当多的编制，在制造垃圾，然后对这些垃圾又进行分拣、清理，制造一些人的工作机会。制造这些复杂的文件，搞了一些复杂的程序以及不必要的报表、文件，来养活一些不必要养活的机关干部。机关干部是不能产生增值行为的。我们一定要在监控有效的条件下，尽力精简机关。秘书有权对例行的管理工作进行处理，经理主要对例外事件，以及判别不清的重要例行事件作出处理。例行越多，经理就越少，成本就越低。一定要减少编制，我们现在的机关编制太过于庞大。在同等条件下，机关干部是越少越好，当然不能少得一个也没有。因此我们一定要把一部分机关干部派到直接产生增值的岗位上去。机关的考评，应由直接服务部门进行打分，它要与机关的工资、奖金的组织得分挂钩。这也算是客户导向，因为内部客户也是客户。

市场部机关是无能的。每天的纸片如雪花一样飞，每天都向办事处要报表，今天要这个报表，明天要那个报表，这是无能的机关干部的表现。办事处每一个月把所有的数据填一个表，放到数据库里，机关要数据就到数据库里找。从明天开始，市场部把多余的干部组成一个数据库小组，所有数据只能向这个小组要，不能向办事处要，办事处一定要给机关打分，你们不要给他们打那么好的分，让他们吃一点亏，否则他们不会明白这个道理，就不会服务于你们，使你们作战有力。庞大的机关一定要消肿。在这个变革过程中，会触及许多人的利益，也会碰到许多矛盾，领导干部要起模范作用。要有人敢于承担责任，不敢承担责任的人就不能当干部。

在本职工作中，我们一定要敢于负责任，使流程速度加快。对明哲保身的人一定要清除。华为给了员工很好的利益，于是有人说千万不要丢了这个位子，千万不要丢掉这个利益。凡是要保自己利益的人，要免除他的职务，他已经是变革的绊脚石。在过去一年里，如果没有改进行为的，甚至一次错误也没犯过，工作也没有改进的，是不是可以就地免除他的职务？他的部门的人均效益没提高，他这个科长就不能当了。他说他也没有犯错啊，没犯错就可以当干部吗？有些人没犯过一次错误，因为他们一件事情都没做。而有些人在工作中犯了一些错误，但他们管理的部门人均效益提升很大，我认为这种干部就要用。对既没犯过错误，又没有改进的干部可以就地免职。

自我批判是个人进步的优良工具

有人听了民主生活会以后认为公司内部斗争真激烈，你看他们说起问题来很尖锐，但是说完他们不又握着手打仗去了吗？

我们一定要推行以自我批判为中心的组织改造和优化活动。自我批判不是为批判而批判，也不是为全面否定而批判，而是为优化和建设而批判。总的目标是要提升公司整体核心竞争力。

为什么要强调自我批判？我们倡导自我批判，但不提倡相互批评，因为批评不好把握尺度，如果批判火药味很浓，就容易造成队伍之间的矛盾。而自己批判自己呢，人们不会自己下猛力，对自己都会手下留情。即使用鸡毛掸子轻轻打一下，也比不打好，多打几年，你就会百炼成钢了。自我批判不光是个人进行自我批判，组织也要对自己进行自我批判。通过自我批判，各级骨干要努力塑造自己，逐步走向职业化，走向国际化。只有认真地自我批判，才能在实践中不断吸收先进，优化自己。公司认为自我批判是个人进步的好方法，还不能掌握这个武器的员工，希望各级部门不要对他们再提拔了。在职在位的干部要奋斗不息、进取不止，要有敬业精神、献身精神、责任心、使命感。我们对普通员工不作献身精神要求，他们应该为自己付出的劳动，取得合理报酬。只对有献身精神的员工作要求，将他们培养成干部。另外，我们对高级干部实行严要求，不对一般干部实施严要求。因为都实施严要求，我们的管理成本就太高了。因为管他也要花钱的呀，不打粮食的事我们要少干。因此我们对不同级别的干部有不同的要求，凡是不能使用自我批判这个武器的干部都不能提拔。自我批判从高级干部开始，高级干部每年都有民主生活会，民主生活会上提的问题是非常尖锐的。有人听了以后认为公司内部斗争真激烈，你看他们说起问题来很尖锐，但是说完他们不又握着手打仗去了吗？我希望这种精神一直能往下传，下面也要有民主生活会，一定要相互提意见，相互提意见时一定要和风细雨。我认为，批评别人应该是请客吃饭，应该是绘画、绣花，要温良恭俭让。一定不要把内部的民主生活会变成了有火药味的会议，高级干部尖锐一些，是他们素质高，越到基层应越温和。事情不能指望一次说完，一年不行，两年也可以，三年进步也不迟。我希望各级干部在组织自我批判的民主生活会议上，千万要把握尺度。我认为人是怕痛的，太痛了也不太好，像绘画、绣花一样，细细致致地帮人家分析他的缺点，提出改进措施来，和风细雨式最好。我相信只要我们持续下去，会比那种暴风疾雨式的革命更有效果。

正向考核，逆向考事

一个真正的领导人，不会迎合现时的民众的需求，而是带领人们走向新的台阶。

我们要坚定不移地继续推行任职资格管理制度。只有这样才能改变过去的评价蒙估状态。才会使有贡献、有责任心的人尽快成长起来。激励机制要有利于公司核心竞争力战略的全面展开，也要有利于近期核心竞争力的不断增长。

什么叫领导？什么叫做政客？

一个真正的领导人，不会迎合现时的民众的需求，而是带领人们走向新的台阶。

我曾经在与一个世界著名公司，也是我司全方位的竞争对手的合作时讲过，我们一定要互补、互助，共同生存。

如何掌握任职资格的应用，是对各级干部的考验。我们公司在推行激励机制时，不要有短期行为，我们要强调可持续发展。既要看到它的短期贡献，也要看到组织的长期需求。不要对立起来，不要完全短期化，也不要完全长期化。

同时，我们要推行以正向考核为主，但要抓住关键事件逆向考事，事就是事情的事。对每一次错误要逆向去查，找出根本原因，加以改进，并从中发现优良的干部。我认为正向考核很重要，逆向的考事也很重要。要从目标决策管理的成功，特别是成功的过程中发现和培养各级领导干部。在失败的项目中，我们要善于总结，其中有不少好干部也应得到重视。要避免考核成绩绝对化、形而上学。特别是要从有实践经验、有责任心、有技能且本职工作做得十分优秀的员工中选拔和培养骨干。

干部要有敬业精神、献身精神、责任心和使命感。区别一个干部是不是一个好干部，是不是忠诚，标准有四个：第一，你有没有敬业精神，对工作是否认真，改进了，还能改进吗？还能再改进吗？这就是你的工作敬业精神。第二，你有没有献身精神，不要斤斤计较，我们的价值评价体系不可能做到绝对公平。如果用曹冲称象的方法进行任职资格来评价的话，那肯定是公平的。但如果用精密天平来评价，那肯定公平不了。我们要想做到绝对公平是不可能的。我认为献身精神是考核干部的一个很重要的因素。一个干部如果过于斤斤计较，这个干部绝对做不好，你手下有很多兵，你自私、斤斤计较，你的手下能和你合作很好吗？没有献身精神的人不要做干部，做干部的一定要有献身精神。第三点和第四点，就是要有责任心和使命感。我们的员工是不是都有责任心和使命感？如果没有责任心和使命感，为什么还想要当干部。如果你觉得你还是有一点责任心和使命感的，赶快改进，否则最终还是要把你免下去的。

小改进，大奖励

不盲目创新，才能精简庞大的机构。要懂得“神奇化易是坦途，易化神奇不足提”。

庙小一点，方丈减几个，和尚少一些，机关的改革就是这样。总的原则是我们一定要压缩机关，为什么？因为我们建设了 IT[①]。为什么要建设 IT？道路设计时要博士，炼钢制轨要硕士，铺路要本科生。但是道路修好了扳岔道就不要这么高的学历了，否则谁也坐不起这个火车。因此当我们公司组织体系和流程体系建设起来的时候，就不要这么多的高级别干部，方丈就少了。建立流程的目的就是要提高单位生产效率，减掉一批干部。如果一层一层都减少一批干部，我们的成本下降很快。规范化的格式与标准化的语言，使每一位管理者的管理范围与内容更加扩大。信息越来越发达，管理的层次就越来越少，维持这些层级管理的

---

① 建立 IT 系统的目的是为了确保访问受保护的资产用户被严格限制，为用户提出的 IT 安全要求提供解决途径，及时发现和排除 IT 安全隐患，减少 IT 事故发生率。

官员就会越来越少，成本就下降了。

要保证 IT 能实施，一定要有一个稳定的组织结构，稳定的流程。盲目创新只会破坏这种效率。

我们不要把创新炒得太热。我们希望不要随便创新，要保持稳定的流程。要处理好管理创新与稳定流程的关系。尽管我们要管理创新、制度创新，但对一个正常的公司来说，频繁地变革，内外秩序就很难安定地保障和延续。不变革又不能提升我们的整体核心竞争力与岗位工作效率。变革，究竟变什么？这是严肃的问题，各级部门切忌草率。一个有效的流程应长期稳定运行，不应有一点问题就常去改动它，改动的成本会抵消改进的效益。

已经证明是稳定的流程，尽管发现它的效率不是很高，除非我们整体设计或大流程设计时发现缺陷，而且这个缺陷非改不可，其他时候就不要改了。今年所有的改革必须经过严格的审批、证实，不能随意去创新和改革，这样创新和改革的成本太高。

我们要坚持“小改进，大奖励”。“小改进、大奖励”是我们长期坚持不懈的改良方针。应在小改进的基础上，不断归纳，综合分析。研究其是否与公司总体目标流程契合，与周边流程和谐，要简化、优化、再固化。这个流程是否先进，要以贡献率的提高来评价。我年轻时就知道华罗庚的一句话，“神奇化易是坦途，易化神奇不足提”。我们有些员工，交给他一件事，他能干出十件事来，这种创新就不需要了，是无能的表现。这是制造垃圾，这类员工要降低使用。所以今年有很多变革项目，但每个变革项目都要以贡献率来考核。既要实现高速增长，又要同时展开各项管理变革，错综复杂，步履艰难，任重而道远。各级干部要有崇高的使命感和责任意识，要热烈而镇定，紧张而有秩序。“治大国如烹小鲜”，我们做任何小事情都要小心谨慎，不要随意把流程破坏了，发生连锁错误。大家在处理相互之间的人际关系上也要保持冷静，稍不冷静就会惹麻烦。千万不要有浮躁的情绪，戒骄戒躁，收敛自我，少一些冲动，多一些理智。

我们要坚决反对形而上学、幼稚浮躁、机械教条和唯心主义。在管理进步中一定要实事求是，特别要反对形左实右。这种情况表面上看做得很正确，其实效率是很低的。

业务为主导，会计为监督

规范化管理本身已含监控，它的目的是有效、快速的服务业务需要。

我们要继续坚持以业务为主导，会计为监督的宏观管理方法与体系的建设。什么叫以业务为主导，就是要敢于创造和引导需求，取得“机会窗”的利润。也要善于抓住机会，缩小差距，使公司同步于世界而得以生存。什么叫以会计为监督，就是为保障业务实现提供规范化的财务服务，规范化就可以快捷、准确和有序，使财务维护成本低。规范化是一把筛子，在服务的过程中也完成了监督。要把服务与监控融进全流程。我们也要推行逆向审计，追溯责任，从中发现优秀的干部，铲除沉淀层。

以业务为主导，会计为监督的管理模式，就是要为推行区域、业务的行政管理与统一财务服务的行政管理相分离做准备。

平常心应对变革

什么是变革？就是利益的重新分配。要有承受变革的心理素质，只要公司的核心竞争力提升了，个人的升、降又何妨呢？

我们要以正确的心态面对变革。什么是变革？就是利益的重新分配。利益重新分配是大事，不是小事。这时候必须有一个强有力的管理机构，才能进行利益的重新分配，改革才能运行。在改革的过程中，从利益分配的旧平衡逐步走向新的利益分配平衡。这种平衡的循环过程，是促使企业核心竞争力提升与效益增长的必经之路。但利益分配永远是不平衡的。我们在进行岗位变革的时候也是有利益重新分配的，比如大方丈变成了小方丈，你的庙被拆除了，不管叫什么，都要有一个正确的心态来对待。如果没有一个正确的心态，我们的改革是不可能成功的，不可能被接受的。特别是随着 IT 体系的逐步建成，以前的多层行政传递与管理的体系将更加扁平化。伴随中间层的消失，一大批干部将成为富余，各大部门要将富余的干部及时输送至新的工作岗位上去，及时地疏导，才会避免以后的过度裁员。我在美国时，在和 LUCENT① 等几个大公司领导讨论问题时谈到 IT 是什么，他们说，IT 就是裁员、裁员、再裁员。以电子流来替代人工的操作，以降低运作成本，增强企业竞争力。我们也将面临这个问题。伴随着IPD②、ISC③、财务四统一④、支撑IT的网络等逐步铺开和建立，中间层消失了。我们预计我们大量裁掉干部的时间在 2003 年或 2004 年。

我们现在正在扩张，还有许多新岗位，大家要赶快去占领这些新岗

① LUCENT 朗讯科技公司致力于为全球最大的通信服务提供商设计并提供网络。以贝尔实验室为后盾，朗讯科技充分借助其在移动、光、数据和语音技术以及软件和服务领域的实力发展下一代网络。

② IPD 指集成产品开发，是一种产品开发模式。

③ ISC 指 ISC 服务器控制，是 Intel 的服务器管理软件。只适用于使用 Intel 架构的带有集成管理功能主板的服务器。采用这种技术后，用户在一台普通的客户机上，就可以监测网络上所有使用 Intel 主板的服务器，监控和判断服务器的工作状态是否正常。

④ 财务四统一是指统一管理财务负责人、统一财务会计软件、统一财务管理办法、统一会计核算办法。

位，以免被裁掉。不管是对干部还是普通员工，裁员都是不可避免的。我们从来没有承诺过，像日本一样执行终身雇佣制。我们公司从创建开始就是强调来去自由。同时，公司与社会间的劳动力交流是必要的，公司不用的、富余的劳动力在社会上其他地方可能是需要的，社会上也许有一些人才是我们所短缺的。公司内长木板和短木板的交换也需要岗位与人员的流动。我们要及时引导员工到新岗位上去，才会避免以后过度裁员。内部流动是很重要的。当然这个流动有升有降，只要公司的核心竞争力提升了，个人的升、降又何妨呢？“不以物喜，不以己悲。”因此今天来说，我们各级部门真正要关怀干部，不是保住他，而是要疏导他，疏导出去。在新岗位上尽量使用和训练老员工，老员工也应积极去占领。只有公司核心竞争力提升，才会有全体员工价值实现的机会。

我们要消除变革中的阻力，这种阻力主要来自高中级干部。我们正处在一个组织变革的时期，许多高中级干部的职务都会相对发生变动。我们愿意听取干部的倾诉，但我们也要求干部服从，否则变革无法进行。待三年后，变革已进入正常秩序，我们愿意遵照干部的意愿及工作岗位的可能，接受干部的调整愿望。对于干部，我们只有这样一个方法，愿意听你们诉一诉，诉完后还是要到分配的岗位工作。对于基层员工要“干一行，爱一行，专一行”，努力提高自己本职工作的技能。要严格控制基层员工的转岗，转岗一定要得到严格的审查与批准。我认为基层员工就是要发展专业技能，专业技能提高了也可以拿高工资。对已经转岗的和以后还要转岗的，只要不能达到新岗位的使用标准，而原工作岗位已由合格员工替代的，建议各部门先劝退。各部门不能在自己的流程中有多余的冗积和沉淀。哪一个部门的干部工作效率不高，应由这个部门的一把手负责任。

我们要减少工作协调与调度会议，即使对于那些必须开的、开完要立即实行的会议，也要减少参加这些会议的人员数量。同时要禁止技能培训类等实现远期目标的会议在上班时间召开，其他活动如体检、沟通、联欢之类活动，更不得在上班时间举行，要确保工作时间与质量得到充分保证。

模板化即规范化

抓住主要的模板建设，将各相关模版流程联结起来，才能使 IT 成为现实。

我们认为规范化管理的要领是工作模板化，什么叫做规范化？就是我们把所有的标准工作做成标准的模板，就按模板来做。一个新员工，看懂模板，会按模板来做，就已经国际化、职业化了，现在的文化程度，三个月就掌握了。而这个模板是前人摸索几十年才摸索出来的，你不必再去摸索。各流程管理部门、合理化管理部门，要善于引导各类已经优化的、已经证实行之有效的工作模板化。清晰流程，重复运行的流程，工作一定要模板化。一项工作达到同样绩效，少用工，又少用时间，这才说明管理进步了。我们认为，抓住主要的模板建设，又使相关的模板的流程联结起来，才会使 IT 成为现实。在这个问题上，我们要加强建设。

危机到来的必然性

磨难是一笔财富，而我们没有经过磨难，这是我们最大的弱点。

现在是春天吧，但冬天已经不远了，我们在春天与夏天要念着冬天的问题。我们可否抽一些时间，研讨一下如何迎接危机。IT 业的冬天对别的公司来说不一定是冬天，而对华为可能是冬天。华为的冬天可能来得更冷一些。我们还太嫩，我们公司经过十年的顺利发展没有经历过挫折，不经过挫折，就不知道如何走向正确道路。磨难是一笔财富，而我们没有经过磨难，这是我们最大的弱点。我们完全没有适应不发展的心理准备与技能准备。

我们在讨论危机的过程中，最重要的是要结合自身来想一想。我们所有员工的职业化程度都是不够的。我们提拔干部时，首先不能讲技能，要先讲品德，品德是我讲的敬业精神、献身精神、责任心和使命感。危机并不遥远，死亡却是永恒的，这一天一定会到来，你一定要相信。从哲学上，从任何自然规律上来说，我们都不能抗拒，只是如果我们能够清醒地认识到我们存在的问题，我们就能延缓这个时刻的到来。

繁荣的背后就是萧条。玫瑰花很漂亮，但玫瑰花肯定有刺。任何事情都是相辅相成的，不可能有绝对的。今年我们还处在快速发展中，员工的收入都会有一定程度的增加，在这个时期来研究冬天的问题，比较潇洒，所以我们提前到繁荣时期来研究这个问题。我们不能居安思危，就必死无疑。

危机的到来是不知不觉的，我认为所有的员工都不能站在自己的角度、立场想问题。如果你们没有宽广的胸怀，就不可能正确对待变革。如果大家都不能正确对待变革，都抵制变革，公司就会死亡。在这个过程中，大家一方面要努力地提升自己，一方面要与同志们团结好，提高组织效率，并把自己的好干部送到别的部门去，使自己部下有提升的机会。你减少了编制，避免了裁员、压缩。在改革过程中，很多变革总会触动某些员工的一些利益和矛盾，希望大家不要发牢骚，说怪话，特别是我们的干部要自律，不要传播小道消息。我认为，每一个人都要站在严格要求自己的角度说话，同时也要把自己的家属管好。一个传播小道消息、不能自律的人，是不能当干部的，因为你部下的许多事你都知道，你有传播习惯，你不会触及部下？他们能相信你？因此，所有的员工都要自律以及制止小道消息的传播，帮助公司防止这些人成为干部。

低调应对外界议论

财务对我最了解，我去年年底，才真真实实还清了我欠公司的所有账，这世纪才成为无债的人。

对待媒体的态度，希望全体员工都要低调，因为我们不是上市公司，所以我们不需要公示于社会。我们主要是对政府负责任，对企业的有效运行负责任。对政府的责任就是遵纪守法，我们去年交给国家的增值税、所得税是十八亿，关税是九亿，加起来一共是二十七亿。估计我们今年在税收方面可能再增加百分之七八十，可能要给国家交到四十多亿。我们已经对社会负责了。媒体有他们自己的运作规律，我们不要去参与，我们有的员工到网上去辩论，是帮公司的倒忙。媒体说你好，你也别高兴，你未必真好；说你不好，你就看看是否有什么地方可改进，实在报道有出入的，不要去计较，时间长了自然就淡下去了。希望大家要安安静静的。

前几年国外媒体说我们资不抵债，亏损严重，快要垮了，不是它说垮就垮的。也许它还麻痹了竞争对手，帮了我们的忙。半年前，也还在说我司资不抵债，去年年底美国媒体突然又说我司富得流油，还说我有多少钱。我看公司并不富，我个人也没多少钱。你们看我像有钱人吗？你们最了解，我常常被人误认为是老工人。财务对我最了解，我去年年底，才真真实实还清了我欠公司的所有账，这世纪才成为无债的人。当然我买了房子、买了车。我原来是十万元买了一台广州厂处理的标致车，后来许多领导与我谈，还是买一个好一些的车，万一车祸能挡一下。所以媒体说我们富，就富了？我看未必。而且国外媒体别有用心地编造，不知安的什么心。所以我们的员工都要自律，也要容忍人家可能产生的不理解，不要去争论。有时候媒体炒作我们，我们的员工要低调，不要响应，否则就是帮公司的倒忙。

我肯定地说，我同你们在座的人一样，一旦华为破产，我们都一无所有。所有的增值都必须在持续生存中才能产生。要持续发展，没有新陈代谢是不可能的。包括我也可能被代谢掉，都是永恒不变的自然规律，不可抗拒的，我也以平常心对待。

我认为，我们要严格要求自己，把自己的事做好，把自己不对的地方改正。别人说得对的，我们就改了；别人说得不对的，时间长了也会证实他说的没道理。

我们要以平常心对待。我希望大家真正能够成长起来，挑起华为的重担，分担整个公司的忧愁，使公司不要走向灭亡。为了大家，大家要努力。希望大家正确对待社会上对我们的一些议论，希望大家安安静静的。我想，每个员工都要把精力用到本职工作上去，只有本职工作做好了，才能为你的提高带来更大效益。国家的事由国家管，政府的事由政府管，社会的事由社会管，我们只要做一个遵纪守法的公民，就完成了我们对社会的责任。只有这样我们公司才能安全、稳定。不管遇到任何问题，我们的员工都要坚定不移地保持安静，听党的话，跟政府走。严格自律，不该说的话不要乱说。特别是干部要管好自己的家属。我们华为人都是非常讲礼仪的人。当社会上根本认不出你是华为人的时候，你就是华为人；当这个社会认出你是华为人的时候，你就不是华为人，因为你的修炼还不到家。

“沉舟侧畔千帆过，病树前头万木春。”网络股的暴跌，必将对两三年后的建设预期产生影响，那时制造业就惯性进入了收缩。眼前的繁荣是前几年网络大涨的惯性结果。记住一句话，“物极必反”，这一场网络、设备供应的冬天，也会像热得人们不理解一样，冷得出奇。没有预见，没有预防，就会冻死。那时，谁有棉衣，谁就活下来了。

（本文根据任正非在科级以上干部大会上讲解《2001 年十大管理要点》的讲话整理，编者有删节。选自 2001 年 2 月 17 日第 148 期《管理优化》）

17. 胜则举杯相庆 败则拼死相救

市场部精神是华为企业文化之魂。这在公司已是一种共识。市场部总是跟自己过不去，每隔一段时间，他们就要给自己找点“麻烦”。集体大辞职，内部竞聘，年年翻番的销售指标，一轮又一轮的培训，海外市场开拓，业务流程重组……从来没有看见他们停下来歇口气。一般的人很难受得了这样的“折腾”。

为什么市场部要这样做？敢这样做？

这源于他们强烈的危机意识。跨国公司的强大竞争攻势，市场需求的日新月异，新产品、新技术的不断涌现，公司生存与扩张的紧迫要求，凡此种种，形成了一个巨大的压力场，对市场部提出了极高要求，有的要求甚至超出了他们的能力。常年处在这种情形之下，市场部从不讨价还价，从不轻言放弃，反而激起了无比的斗志和豪情。他们保持高度的危机感，自强不息，紧密团结，把压力传递到每一个市场人员，主动求新、求变。他们成功地将危机意识化作自我更新意识和敢拼敢搏的工作风格。他们在困境中学习，在学习中进步，从上到下身体力行，超越自我，始终保持了高昂的斗志和积极进取的精神，为公司做出了卓越的贡献。

他们敢于应用否定之否定的规律，不断循环优化自己。在市场部内部，批评与自我批评蔚然成风。只有强者才敢于批评自己。我们要向市场部学习这些好风气。

华为公司发展到目前的规模，面临的挑战只会更大。要么停滞不前，逐渐消沉，要么励精图治，更上一层楼，在世界一流企业之林占一席之地。正所谓不进则退，成功不是走向未来的可靠向导，我们需要将危机意识更广、更深地传播到每一个华为人身上。

谁能把我们打败？不是别人，正是我们自己。如果我们不能适时地调整自己，不去努力提高管理素质、强化管理能力，不将艰苦奋斗的传统保持下去，我们就会被自己打败。古往今来，一时成功者众多，持久的赢家很少。失败的基因往往在成功时滋生，我们只有时刻保持危机感，在内部形成主动革新、适应未来的动力，才可能永立潮头。市场部给我们树立了良好的榜样。

我们号召全体华为人包括市场部的工作人员学习市场部的精神，就是为了让公司始终充满危机意识，在做实中不断优化自己。学习不是走形式，在学习过程中，千万不要“认认真真走过场”，那是形左实右，自欺欺人。学习市场部，要学他们精神的内涵，并融入实际工作中去。要善于给自己施压，意识到自己的差距，促进工作的点滴改进，这样的学习，才能真实地提高自己的水平，增强企业的体质。自胜者才能胜人。

市场部有一个团结协作、严于律己、以身作则的领导班子，他们有清醒的头脑和开放的心态，勇于批评与自我批评。他们深知资源是会枯竭的，只有文化才会生生不息，在市场部大力加强文化建设，形成了正派、向上的管理与组织作风，增强了凝聚力。这是建设一支过硬队伍的基础。

在第一次创业过程中，市场部起了表率作用。在华为已进入第二次创业的今天，公司面临全面的考验，要求我们有更强烈的危机意识，努力在各领域都有优异的表现和进步。我们学习市场部，就是要把他们的精神发扬光大，促进新一轮的突破和成长。在第二次创业中，没有谁能阻止我们前进，没有谁能打败我们，失败只会从内部产生。

危机当头，曙光在前，让我们像市场部一样踏踏实实、卓越地工作吧。

（选自 1997 年 2 月 26 日第 44 期《华为人》报）

18. 重新认识 90 年代

想想美国在 20 世纪 90 年代的经济成就，你的脑海里会出现什么？也许全是股市如何起到举足轻重的作用。

现在，经济衰退似乎已经结束，我们有可能对 90 年代整个的经济周期作出更为现实的评价。那个周期为：1991 年 3 月开始的缓慢复苏，然后是非同寻常的繁荣，接着是技术行业崩溃，最后是 2001 年的经济衰退。猜猜怎样？许多已经发生的事情对关于那 10 年的惯常看法提出了挑战。

在那 10 年中，生产率的年增长率为 2.2%，比 80 年代高 0.5% 左右——这已经很不错了。但是，真正令人震惊的是 90 年代生产率增长速度加快的最大受益者是工薪阶层，不是投资者。工薪阶层收获了新经济生产力加速带来的新增产出。这一新发现有助于我们理解为什么消费支出在经济衰退时仍然保持高涨，而企业在未来几个月可能仍然举步维艰。

关键的一点是在 90 年代的经济周期中，美国工薪阶层的工资大多提高很快。从 1991 年 3 月经济开始扩张到 2001 年 12 月，从表面上看衰退已经结束的这段时期内，私营部门工人的实际工资年增长率平均为 1.3%。这远远好于从 1982 年 11 月至 1991 年 3 月那个经济周期中 0.2% 的年工资增长率。90 年代的工资增长在分配上也比 80 年代优化。失业率的下降使更多人有了工作，从而使整个工薪族的收入全面增加：从最高管理人员到工厂工人和理发师都从中受益。哈佛大学研究劳动力问题的经济学家劳伦斯·卡茨说："的确，过去几年是'30 年来底层劳动者工资增长最多的时期'。"

相比之下，90 年代那个经济周期的股市收益实际上低于 80 年代。

扣除通货膨胀并把红利计算在内以后，标准普尔 500 种股票指数在 1991 年 3 月至 2001 年年底的平均年收益率为 11.1%。在前一个经济周期中，这个数字为 12.8%。90 年代，债券持有者和小储户的收益率下降得甚至更多。例如，半年期存款在过去 10 年的实际收益率只有 3.1%，在 80 年代却达到 4.7%。

按照《商业周刊》的计算，整体说来，90 年代，非金融企业生产率提高带来的收益有 99% 流向美国工薪阶层。企业利润的确大幅上升，但在很大程度上，与其说来自生产率的提高，不如说来自利率的下降。

为什么工薪阶层在 90 年代这么吃香呢？ 90 年代，许多美国人的教育程度取得了惊人的提高，这使他们在获得相应资格从事新经济带来的工作时处于更加有利的位置。低失业率使工资水平上升。涌入美国的大笔外来资金创造了许多新的工作岗位，并且促进了能提高生产率的设备投资。

与此同时，美国公司却遭到双重打击：1997 年亚洲金融危机之后的海外经济衰退和 2000 年美国国内的技术行业破产。让技术业投资者沮丧的是，注入因特网企业和新式电信设备的成千上万亿美元最后给用户带来了更加便宜的产品，却没有给公司增加利润。咨询公司 Strategos 的总裁、1994 年畅销书《竞争大未来》一书的作者加里·哈梅尔[①]说："我们确信自己发现了某种提高生产率的神奇办法，它将使公司利润远远超过历史最高水平。但是，电子商务带来的生产率增长大多永远不会变为公司的利润。得益的是消费者。"

工薪族收获了新经济生产率提高带来的大部分益处。这个事实可以

① 加里·哈梅尔（Gary Hamel）被《经济学人》誉为"世界一流的战略大师"，是 Strategos 公司的董事长暨创办人，也是伦敦商学院战略及国际管理学教授。《竞争大未来》（Competing for the Future）是其代表作品，被认为是 20 世纪 90 年代最有影响力的管理学著作之一。

帮助我们解释消费支出和住宅市场在2001年的萧条中仍然保持兴旺的原因。美国东北大学的经济学家巴尼·布卢斯通说，工资的提高“使消费保持在高于我们预期的水平上”。

不仅如此，我们现在还比较容易理解公司经理们为什么在经济明显复苏的时候仍然提不起精神。目前，劳动力成本吞掉了非金融企业产出的近87%，这是历史最高纪录，而且远远高于公司在上次萧条即将结束时支付的成本。当经济改善时，公司多半面临利率上升和工资增加这个致命组合。瑞银华宝有限公司①的首席经济学家乔治·马格努斯说：“如果经济复苏，工薪阶层就有条件通过讨价还价来增加工资。生产率增长带来的利益耗在劳动力上了。”

这种对利润的挤压可能产生两种结果。正面结果是：公司提高生产率的速度很快，既能支付更高的工资，也能为股东带来不错的利润。令人沮丧的结果是出现再度萧条：即使经济出现复苏，工资的上涨也使公司利润下降。这意味着企业投资减少和增长率放慢。最后，公司将通过大批裁员来设法增加利润，从而导致再一次的经济衰退。

无论结果如何，90年代的生产率增长无疑都是真实而可持续的。这种增长在这次萧条中得到了检验，并且一直保持着强大的力量，打破了经济下滑时出现低谷的历史模式。在比尔·克林顿总统手下担任经济顾问委员会主席的马丁·贝利说：“安然②和众多网络公司的垮台可能会

① 瑞银华宝（UBS Warburg）是世界知名的投资银行，是瑞士银行集团（UBS）三大支柱之一。瑞银华宝总部设于伦敦，目前在世界30个国家和地区设有分支机构。1995年瑞士银行以13.9亿美元的代价收购英国最大的投资银行华宝集团的投资银行业务，形成瑞银华宝公司。

② 安然（Enron Corporation）曾是世界上最大的电力、天然气以及电讯公司之一，2000年披露的营业额达1010亿美元之巨，公司连续6年被《财富》杂志评选为“美国最具创新精神公司”，然而过度膨胀的快速发展使其无法应对经济环境的逆转，而导致这个拥有上千亿资产的公司2002年在几周内破产。

让你扼腕叹息。但是，在我看来，今后几年内生产率的年增长率达到 2.5% 也没有什么值得奇怪的。”

目前的真正问题在于确定谁是最大的受益者。1995 年，当这场生产率的革命开始之即，将要成为大赢家的似乎是企业而非工人。到了 1997 年年中，实际工资的增长仍然很慢，利润则大幅度提高。

但是，从历史角度看，工资增长总要比生产率增长滞后一两年。这一次，情况的确如此。在生产率保持强势、失业率降到 5% 以下的时候，工资的增长开始了。从 1997 年年中至 2001 年，实际工资每年以 2.1% 的高速度增长。在非农业企业部门，每小时的实际报酬（包括福利）的增长率达到令人难以置信的 3.1%。上一次出现报酬以这么快的速度持续增长 4 年的是在 20 世纪 50 年代。

过去几年的工资增长意义重大，它弥补了 90 年代早期的经济增长缓慢。总体说来，按照劳工部就业成本指数衡量，普通私营部门雇员的实际工资在 90 年代的经济周期里增长了 14% 左右。上一个 10 年，这一数字仅为 1.4%。

此外，在 90 年代，掌握多种技能、从事多种职业的工薪族非常吃香。在 80 年代的经济周期中，蓝领和服务人员的实际工资水平大幅下降。例如，从 1982 年至 1991 年，蓝领工人的工资下降了 3.5%。但是，在 90 年代，这些技术性较低的工作的实际工资增加了 12%。全职收银员的周薪平均增长了 11%（扣除通货膨胀因素），而汽车机师的薪水则在 80 年代大幅下降后猛增了 14%。理发师的薪水几乎提高了 18%。尽管克林顿时代实行了福利制度改革并且有大量移民涌入——这二者本应压低底层劳动者的工资——工薪阶层的收入仍然取得了这样大的提高[①]。

但是，这一连串的好消息引发了一个问题：如果工薪阶层在 90 年代生活富足，为什么投资者没能得到他们应得的那份收益？毕竟，公司利润在 90 年代确实大幅提高。在整个经济周期内，扣除通货膨胀因素以后，按照 2001 年的美元价格计算，标准普尔 500 种股票指数的每股平均收益为 36 美元，比 80 年代提高 40%。这些收益并非来自会计的花招：政府对营业利润的统计显示出的增长幅度甚至更大。与标准普尔 500 种股票指数的收益不同，后者扣除了行使股票期权的费用。

对投资者来说，坏消息是，这些公司收益有相当一部分是公司为债务支付较低利率的结果。公司长期利率在 90 年代有几次降到 7% 以下，这使公司以低费用借贷，从而提高了利润。例如，在吉列公司，自 1991 年后，尽管债务增加两倍多，利息方面的花费却上升了不到 25%。事实上，扣除通货膨胀因素后，利息的花费基本持平。

另外，不要忘了，一般投资者的投资组合不仅包括股票，而且还有债券和金融市场的基金。这些基金投资于公司债券和商业票据。所以，当公司降低其利率费用时，投资者获得的利息就减少了。通过降低利息费用来增加利润就像拆东墙补西墙——最后都是从投资者的口袋里掏钱。

我们得退后一步，量化出 90 年代的生产率提高是怎样分配的，这非常重要。看看非金融机构，它们的年生产率增长幅度从 80 年代的不到 1.8% 提高到 90 年代的 2.2%。以 2001 年的美元价格计算，在 90 年代的商业周期里，这种生产率的提高带来了 8120 亿美元的额外产出。

---

① 克林顿采取了多种措施削减社会福利，对福利项目实行市场化改革，通过了《1996 年个人责任与工作机会协调法案》，倡导变社会福利为工作福利。

在这笔钱中，多达 8060 亿美元（即 99%）以工作岗位增加和报酬提高（包括行使了的股票期权）的形式使工薪阶层受益。事实上，在 90 年代，不仅经济加速发展，工薪阶层也从经济发展带来的收益中分到了更大的份额。

与此同时，更高的生产率并未给企业利润带来应有的推动力。企业利润增加了 5590 亿美元，这的确是惊人的成绩。然而，其主要原因却是企业为债务支付的利率降低了。

把目光从非金融企业扩展到整个经济，其结果也是相似的。以 2001 年的美元价格计算，生产率增长速度的加快在 90 年代的经济周期创造了 19 万亿美元的额外产出，这些收益几乎全部流向工薪阶层和小企业主。企业利润、利息和房地产收益等综合所得一共只有 500 亿美元左右。

要理解为什么投资者没能从生产率带来的收益中赚到钱，回忆一下技术行业破产的毁灭性结果非常重要。无数资金在那场网络狂热和电信灾难中打了水漂。不仅如此，全球化更加速了投资者的苦恼。他们本以为贸易的增加和对外投资水平的提高能以帮助美国公司进入迅速增长的外国市场的方式得到回报，他们以为最后能从国外获得大笔利润。

但是，这种设想没能实现。过去 10 年，出口的增长没有达到预期，来自海外的纯利润事实上只比国内利润增长稍快。原因是：外国市场没有像预想的那样繁荣发展，特别是在 1997 年亚洲金融危机以后。许多国家——既包括工业化国家也包括发展中国家——实际上在 90 年代那个经济周期的增长率都比 80 年代低。唯一的例外是中国。然而即使把中国计算在内，全球经济增长率也从 80 年代的 3.6% 下降到 90 年代的 3.3%。

当然，没有理由说在 90 年代抑制利润的因素会在未来 10 年再次出现。随着美国开始新的经济扩张，利润迅速反弹是可能的。德国和法国已表现出脱离低潮的迹象，韩国和中国台湾等主要出口国家和地区则正在恢复发展速度。当然，全球同步的经济复苏有助于利润的增加，正如90年代末的全球经济衰退有损于利润一样。

此外，公司的技术投资还可能带来比90年代更大的生产率回报。生产率在2001年第4季度以惊人的5.2%猛增。这种增长速度没有持续性。但是，生产率的增长速度达到一定程度后能使公司在支付更高工资的时候增加利润。这可能引发一个新的良性循环，促进增长和投资，就像90年代高投资水平带来更快的生产率增长一样。

但是，情况不会像90年代那么简单，因为工薪阶层开始时就占有产出的更大份额，其工资增长速度也更快。为了在满足他们的同时创造利润，公司必须使生产率的增长幅度高于90年代2.2%的水平。这很可能在一个提高利率的环境内发生，利率的提高对利润又施加了更大压力。

如同事实证明的，对于谁是90年代生产率增长的最大受益者的最初看法是站不住脚的。展望未来，那块经济“馅饼”一直在不断增大。但是，要在未来得到最大的那份还得有一番你争我夺。管理顾问哈梅尔说：“在国家层次上，我们或许能创造不小的生产率增长，但这些收益如何分配才是真正的问题。”这就是90年代的真正教训。

（选自2002年7月15日第185期《管理优化》，作者Michael Mandel）

第四章

CHAPTER 4

莫斯科不相信眼泪：国际市场的开拓

19. 一个系统部部长的七年欧洲之旅

2004 年 11 月 15 日，香港维多利亚港口波光粼粼，微风拂面。这一天，彭博和香港 Sunday① 签订了 3G 扩容合同。还没来得及品味喜悦，就接到公司电话："我们在沃达丰② 那里可能会有一些机会，你要尽快赶过去。"

第二天，彭博便登上了飞往欧洲的航班。临走前，他给客户留言："我要去欧洲出一趟差，圣诞节再回来。"令彭博没想到的是，此去欧洲，一待就是七年。

从"3 个 0"开始

"你们可以走了，在我主管的这块领域，未来 3 ~ 5 年都是不可能选择华为的。"

从东方之珠到欧罗巴，映入眼帘的是另一番景致和文明。对彭博来说，他来不及欣赏这些。初到沃达丰，这里除了他，团队没有其他人；在此之前，华为也没有和沃达丰做过一分钱生意。

彭博自嘲道："当时认为沃达丰有 24 张子网，我们挨个给代表处打电话，想着总会找到一两个代表处和沃达丰做过生意或者起码认识一些

① Sunday（1997 年 ~ 2007 年，港交所前上市代号：0866，纳斯达克前上市代号：SDAY）为香港一间电讯公司，成立于 1997 年，是香港提供 2G 及 3G 服务的电讯公司之一。

② 沃达丰（Vodafone LSE：VOD, NASDAQ：VOD），是跨国性的移动电话营办商。总部设在英国伯克郡的纽布利及德国的杜塞尔多夫。为世界上最大的流动通信网络公司之一，在全球 27 个国家均有投资。

客户，但最后没有找到一个认识的人。华为拓展沃达丰的故事，就是这样从‘3个0’开始的。”

初期的拓展是艰难的，为了一次和沃达丰集团客户的面谈，彭博在西班牙和德国之间来回飞了6次。好不容易在机场见到了客户，原计划约见30分钟，15分钟后，客户不耐烦地说：“你们可以走了，在我主管的这块领域，未来3～5年都是不可能选择华为的。”

事实上，华为早期的海外拓展，基本都是从一穷二白起步的。怀着理想，手提长矛就出发了，凭着无畏的勇气，一直拼搏到今天。

经过一个冬天，公司高层专程赴欧洲拜访客户的时候当场表示：“华为的无线产品经得起任何考验！”一个从东方发展中国家走出来的公司，这样的承诺让客户吃惊：“不会是吹牛吧？”沃达丰集团CTO（首席技术官）将信将疑：“那就把华为的产品放到最严格的德国来进行测试。”

为了这个测试，我们全面进行了几个月的准备，但德国子网因为各种各样的原因坚决抵制华为在德国测试，数月努力，换来的还是一句“不可能”，彭博心里充满了强烈的挫折感。尽管经过辗转努力，华为在西班牙争取到测试的机会，但当地客户还是说：“你们在这里做测试可以，但不可能有真正进入沃达丰西班牙子网的机会。”

这是一种说不出的味道，但整个团队却像抓住救命稻草一样，奋力拼搏，像做商业网那样做实验局，客户的每一个要求，我们都积极响应。一个西班牙高铁的覆盖方案，客户仅仅提出了希望看看华为的解决方案，我们3个月内就在上海的磁悬浮沿线搭建了覆盖项目，请客户到上海现场体验。

从2005年盛夏到次年阳春，当华为把实验局做完时，在后续的招标中，客户出人意料地选择华为进入沃达丰西班牙子网，这是沃达丰最大的4个子网之一，也是其全球子网中增长速度最快的一个国家。

这是一次来之不易的机会。客户说："是你们9个月来的表现打动了我们，你们做事的严谨、规范、响应速度，以及团队成员，我们都非常认可。"而此时的华为团队，已是泪眼婆娑——这是一个里程碑式的事件，它标志着华为真正进大国、进大网、进一流的市场。

用毅力和坚持打动德国客户

"中国人有一项非常优秀的品质，就是我们有足够的耐力和毅力，无论项目得失。"

西班牙项目的成功，让沃达丰这家世界级的运营商认识了华为。从那以后，华为逐步获得了沃达丰客户群的多个项目，并连续获得沃达丰颁发的杰出供应商奖。然而，华为迟迟无法叩开德国子网的大门。

2005年被德国子网拒绝测试后，2008年，德国子网再次发出3G招标，各路高手鏖战莱茵河。几轮惨烈的竞争下来，华为挤进了最后3家采购短名单。

经过几年摸爬滚打，华为已经在沃达丰客户群中建立起了品牌。彭博和他的团队对这次招标充满了渴望，但最后的结局让所有人的心情都跌到了谷底，在技术商务都占优的情况下，客户还是对华为说"NO"（不），而是选择了另外两家公司帮助其建设3G网络。

莱茵河像往常一样，平静而欢快地流淌着，而为这个项目拼搏近1年的华为人在偷偷抹泪，独自品尝痛苦。这次失败固然遗憾，但也在意料之中。德国作为世界制造的鼻祖，客户本身就有着固有的领先和传统习惯。之后，彭博去拜访德国子网CTO，诚恳地说："中国人有一项非常优秀的品质，就是我们有足够的耐力和毅力，无论项目得失。”

2010 年年初，金融危机稍缓，德国率先启动 LTE[①] 建设，希望通过国家宽带拉动经济增长，沃达丰德国子网承担起了这一历史使命。华为敏锐地捕捉到机会，凭借对客户网络的深刻理解，开创性地向客户提出 2G/3G/LTE 三网合一的解决方案。

华为的好终于被客户接受。2010 年 7 月，客户牵手华为。

把不同肤色的人团结到一起

一眼望去，有黄种人、白人、黑人……来自 30 多个国家和地区的员工济济一堂。

随着公司和系统部的发展壮大，从东到西、从南到北的人才不断加入。有次召开全球例会，一眼望去，有黄种人、白人、黑人……来自 30 多个国家和地区的员工济济一堂。

从一名“光杆司令”到“多国团队”总指挥，彭博也经历了挑战和痛苦。

在本地化初期，欧洲员工自身修养和能力较强，本身代表着强势的文化，而中方员工又带着强烈的公司文化，当两者相撞的时候，带来巨大的冲击和不信任。彭博苦苦思索，找到了解决之道。用他的话来说就是“3R”。

对中方员工，刚到系统部，彭博都会和他们谈心，先打预防针，下

① LTE（长期演进）是英文 Long Term Evolution 的缩写。LTE 也被通俗地称为 3.9G，具有 100Mbps 的数据下载能力，被视作从 3G 向 4G 演进的主流技术。

车伊始切记“3R”。第一是 Recognize，要认识到你跟别人之间的文化差异，不要用中国人做事的方式要求别人；第二是 Respect，要尊重别人的文化；第三是 Reaction，要用积极的态度和行动融入本地文化中去。

面对本地员工，彭博不会一味迁就：“我理解你们的先进性，但如果都按你们的方式进行，我们作为后进者，以同样的速度提升和进步，怎么能够超越对手？所以我们需要在已有的方式中加入能够产生加速度的东西。”我们不苛求本地员工理解艰苦奋斗，但为了更好地服务客户，本地员工在地铁上会拿出电脑写纪要，这就是奋斗。

在管理中，彭博倡导“能者居之”，他相信这是一条普适的管理办法。比如某岗位缺一个主管，中国人的习惯就是几个人讨论一下，谁合适就向上报批。但在沃达丰，彭博则将这样的岗位开放出来，让中方员工和本地员工平等竞争，公开、公正、透明。规则制定了，主管再以身作则，本地员工和中方员工都认同。

沃达丰华为团队，在这种开放、包容中形成了强大的磁场，不断吸引并团结来自五湖四海的兄弟姐妹，共同编织通信的梦想。

不做“挤奶工”，要做“养牛人”

在任何时候，都不要做伤害客户、欺骗客户的事，要做“养牛人”，不能急功近利，永远坚持“客户第一”，更重要的是面对客户，始终要有战战兢兢，如履薄冰的心态。

2011 年，华为再创佳绩，跻身全球第二大通信设备商，彭博和他的团队也拿下沃达丰英国子网。自此，华为获得沃达丰在欧洲最大的四张子网：德国、英国、意大利和西班牙，并且在每张子网中，都占最大份额。而最近几年，在沃达丰发标的 19 个无线项目中，华为更是拿下了大多数，短短 7 年，我们在 VDF① 取得了长足的进步。

繁荣并不产生危机，但繁荣背后却隐藏着危机。在高歌猛进中，客户也在善意提醒华为。一次拜访中，客户对彭博诚恳地说："你们现在越做越大了，来了很多员工，他们没有'养牛'的经历，一上来就想'挤奶'，也不再像以前那么真诚、勤恳了。"

这段谈话让彭博感到震惊，把他的记忆拉回初到欧洲的日子。刚到系统部，公司领导语重心长地对彭博说："希望你不要为了突破和短期利益而伤害客户，希望 5 年后，交给公司的是一个长期互信的战略合作伙伴。"

彭博一直没有忘记这份嘱托，经过这些年的艰苦耕耘，沃达丰成为华为在全球最重要的战略合作伙伴之一，我们也履行了对公司、对客户的承诺。

最近，彭博透露："这些年来，面对很多诱惑，当我们觉得能力不够的时候，也放弃了很多机会；当客户战略性不选择我们的时候，我们也曾流下伤心的泪水。但在任何时候，都不要做伤害客户、欺骗客户的事，要做'养牛人'，不能急功近利，永远坚持'客户第一'，更重要的是面对客户，始终要有战战兢兢，如履薄冰的心态。"

在越来越多的鲜花和成功面前，我们不能整天夸耀成就，反而需要更加冷静，不断奋斗、关注客户、保持谦卑的心，唯有如此，我们才能从一个成功，走向另一个成功。

（选自 2011 年 11 月 2 日第 241 期《华为人》报，作者片联人力资源部）

① VDF，意为音频配线单元，提供通信传输中的音频传输作用，在通信传输中起到至关重要的作用。

20. “铁三角”是如何炼成的

2006 年 8 月，苏丹的太阳炙热烤人，首都喀土穆的气温快到 50℃了，热浪一波一波地袭来，让人感到缺氧眩晕。

在一间像盒子一样的小房间里，十几个男人眼睛红红的。客户经理饶晓波把头深深地埋在手臂里，从嘴里咬出几个字来：“为什么？我们为什么会输掉！”

6 月份，苏丹电信获得毛里塔尼亚的电信运营牌照，准备在那里投资建设一张移动通信网络。华为是收到招标邀请的两家供应商之一。

代表处立即行动起来，冒着酷暑，克服停水停电的影响，披星戴月干了两个月，结果却是另外一家公司独家中标，华为被彻底排斥在外！

“我们几乎没有反应过来，”饶晓波回忆说，“当客户宣布招标结果的那一刻，我们都蒙了！这对我们是一个巨大的打击！哪怕客户给我们一点份额，都说明我们还在！但现在，我们彻底出局了！”

沮丧万分，这群男人把自己关进了房间。在闷热的房间里，大家不停地问：我们为什么会输得这么彻底？我们的问题到底出在哪里？到底该怎样解决？

这是真正的原因吗？

2004 年，彭中阳被派到苏丹组建代表处。华为作为后来者，逆水行舟，队伍只花 1 年时间就取得了骄人成绩，2005 年年底成功跻身公司亿元人民币代表处行列。

虽然一切似乎都向着繁荣和美好发展，但此时一些问题也开始显现出来：随着业务增加，部门墙也越来越厚，各个部门管理各成一摊，内耗增大，面对客户深层次的需求开始慢慢变得被动、互相推诿和迟钝！

这一切隐含的问题，等到了2006年某项目上，开始全面显现。客户对华为各部门答复不一致、答复无法实现感到非常失望，说华为只会说不会做！曾经参与该项目的一位同事说，我们不但输了项目，还输了"人"，很长一段时间，想起这事心里都像犯堵一样难受。

喀土穆的热浪仍然一波接一波，代表处的总结也是一波接一波，客户线、产品线、交付线等各个部门的同事都在总结反思：

在这个项目中，我们团队沟通不畅，信息不共享；

客户关系也似乎很不到位，执行产品解决方案不能符合客户要求；

交付能力不能使人满意；

……

但真正的原因到底在哪里？

讨论中，大家提到的一些现象，引起了代表处特别的注意。

客户召开网络分析会，我们带了七八个人去，每个人都向客户解释各自领域的问题。客户CTO大为不悦，当场抱怨："我们要的不是一张数通网，不是一张核心网，更不是一张TK网，我们要的是一张可运营的电信网！"

有一件事让大家记忆深刻。竞争对手在TK站点中设计出太阳能和小油机发电的"光油站点"，而我们的方案还是用传统的大油机。

这明显是没有充分关注到客户运营成本的压力。我们客户线的人员本来在与客户的交流中获取了这点信息，但却没有把信息有效传递给产品人员。而产品人员由于受到传统报价模式的影响，总以为客户会给出一套答标，结果坐失良机。

“诸如此类的小细节被忽视，表面上看是业务量迅速增长、人员新以及后勤滞后造成人员疲于奔命所带来的影响。”彭中阳说，“但根本的原因在于我们的组织与客户的组织不匹配，我们还在按照传统模式运作，客户线不懂交付，交付线不懂客户，产品线只关注报价，都只关注各自的一亩三分地。对于客户的需求，我们更多的是被动响应，以我为主，这样岂有不失败的道理！”

打破楚河汉界

真理越辩越明，代表处认识到，要在苏丹市场重新发展起来，就必须调整自己的组织与客户组织匹配，做厚客户界面是关键。

“首先在代表处强调业务一盘棋。”技服出身的彭中阳在也门代表处做主管时就产生了这样的想法，他说：“我们的客户经理一去拜访客户，习惯会先问客户什么时候落单，什么时候签约，容易忽视倾听客户需求。但当我们加入交付、产品，甚至融资回款等视角，我们的关注点就会从‘我要做什么’转移到‘我能帮你做什么’，变被动为主动，更好地去帮助客户成功。”

2006 年年底，代表处任命饶晓波、王锷、王海清 3 人组成客户系统部的核心管理团队。饶晓波负责客户关系，王锷负责交付，王海清负责产品与解决方案工作，面对客户的时候，实现接口归一化。

在苏丹这样一个条件艰苦的国家，大家从无到有，摸爬滚打，已经逐渐建立了团队文化和情感，再加上制度的牵引，客户经理、产品经理、交付经理等角色很快融合到了一起。他们一同见客户、一同交付、一同办公、甚至一起生活，面对客户的时候不再七嘴八舌，各执一词。

不但如此，大家通过融合还逐渐了解对方领域的知识和技能。

经过半年的运作，彭中阳发现代表处的面貌发生了变化，他说："最典型的就是饶晓波、王锷、王海清 3 人组成的核心管理团队。在没有饶晓波的情况下，王锷和海清也能把客户关系做好，海清不在的时候，晓波和王锷也能把产品工作做好。在和代表处的交流中，客户脸上也出现了久违的笑容，代表处在一些项目上又逐渐取得了优势。"

水到渠成"铁三角"

2007 年，彭中阳伏案书写给公司领导的工作汇报，再回首 3 年来苏丹的业务拓展和管理摸索。当他在总结"在关键客户群建立核心管理团队"的经验时，代表处之前经历的客户投诉、内部壁垒、扩张阵痛都在脑际一一闪现，而最终将这些业务发展中的问题解决掉的也正是将客户、产品和交付紧密融合的三角组合模式。

"三人同心，其利断金。"彭中阳感触着它的威力，"就叫'铁三角'吧。"

从此，"铁三角"开始在苏丹代表处流传开来。对"铁三角"的运作机制也越来越明晰。

在对客户的领导层面，饶晓波、王锷、王海清就是"铁三角"：客户线是饶晓波，大部分时间以他为主心骨，负责把握客户关系的火候，到什么时候该做什么动作，如何在关键时刻发现机会点；识别关键机会点后，王海清负责设计出满足客户价值的解决方案；快要到交付了，就由王锷发挥关键作用。

彭中阳说："不仅仅是针对客户的领导层，针对客户的每一层组织我们都明确提出了‘铁三角’的运作模式，最初的点对点被动响应客户，现在已经转变为面到面主动对接客户了。”

随着“铁三角”作战模式的实践和发展成熟，代表处迎来了收获。

2007 年，苏丹电信决定在塞内加尔建设一张移动通信网络。“现在该是真正检验我们‘铁三角’成色的时候了！”饶晓波激动地回忆到。

6 月，代表处把客户邀请到深圳做最后的方案交流，现场宣讲完后，全体客户都站起来鼓掌，经久不息。

王海清回忆说：“从来没有经历过这样的场景，客户的 CEO，CTO，所有到场的 CXO（首席惊喜官），所有的经理，全部站起来鼓掌！点头微笑向我们致意！那一刻，我感觉我们的苦没白吃！在那个时候，我们感觉到‘铁三角’的威力真正发挥出来了！我们重新站了起来！”

王锷也深有感慨：“签约仪式中，我作为交付人员也被邀请参加，而这样的工作以前都是由客户线完成的！大家一起打粮食的那种滋味，真让人欣慰！”

磨砺 3 年的“铁三角”还在继续发挥着积聚的能量，2009 年 2 月代表处全网搬迁另一厂商 UMTS 网络[①]，2009 年 3 月代表处独家拿下苏丹 S 运营商海外最大子网项目，2009 年 4 月代表处独家签订其全国 G 网项目……

随着“铁三角”模式在苏丹的成功运用，北非地区部把这种作战方式在各代表处和关键客户群中进行了推广，成果明显。

---

① UMTS（Universal Mobile Telecommunications System），意即通用移动通信系统。UMTS 是国际标准化组织 3GPP 制定的全球 3G 标准之一。作为一个完整的 3G 移动通信技术标准，UMTS 并不仅限于定义空中接口。它的主体包括 CDMA 接入网络和分组化的核心网络等一系列技术规范和接口协议。

以客户为中心，发挥团队作战的优势

始于苏丹的“铁三角”，如今已形成星火燎原之势，在公司业务开展的各领域、各环节广泛应用。“铁三角”成员在面对客户时，他们代表的不仅仅是客户关系、解决方案或者交付，而是代表客户诉求和价值的成长。2009 年 1 月 16 日，在公司销服体系奋斗颁奖大会上，全球各地的优秀“铁三角”团队，一一登上颁奖台，接受公司授予的荣誉。

作为首先提出“铁三角”概念并付诸实施的主管，对于“铁三角”运作模式的推广和落地，彭中阳有以下一些体会。

首先，“铁三角”成员需要有很好的合作精神，不能吃独食。苏丹管理团队核心成员都很开放，具有团队精神，不贪功。

其次，“铁三角”成员要有良好的服务意识。“铁三角”作为一种面向客户的组织，需要主动积极关注客户面临的挑战和压力，并将其转变为内部的组织行为，要有帮助客户成功的心态。

最后，“铁三角”成员还需要有良好的学习能力，在实战中努力让自己做到一专多能。

展望未来，这种运作模式在各地区部、代表处的推广和实施，彭中阳也保持清醒的认识：“我们希望把‘铁三角’当作一种组织价值观去推行，目前主要依靠师父带徒弟的方式，如何将其形成制度和流程，还有一段很长的路要走。而这种制度化的过程又会面临一种矛盾，‘铁三角’本来就需要因地制宜，在不同市场、不同文化背景中，‘铁三角’的运作模式应该有所不同，不能全盘照抄。如何在种种矛盾中找到平衡，还需要继续探索。”

（选自 2009 年 5 月 5 日《华为人》报，作者木艮）

21. 莫斯科不相信眼泪

1998 年年初，我作为华为的一匹区域的头狼，正在长沙带领着一群狼在辛勤地寻找着三湘大地的每一个机会，憧憬着在新的一年带领大家取得更好的业绩，信心十足。突然公司一纸调令，把我调往俄罗斯开拓市场。那时的莫斯科在我心目中是非常遥远、非常寒冷的地方，想起来只有一个感觉：孤单。真不想离开当时那么火热的国内市场。曾经想向公司提出去暖和一点的地方，可最终还是忍住了，不就是冷嘛，多带点衣服；孤单嘛，我托运了整整一箱子书。

刚来莫斯科时我对梁国世说：我们要把俄罗斯的每一个地区都跑一遍，竞争对手吃饭、睡觉、滑雪、和家人团聚的时间我们都用来攻取阵地，一定能够闯出来。信心十足。可几个月下来，傻眼了。天气倒是不冷，可市场太冷了，冷得我这匹狼失去了嗅觉，到处都找不到机会，偶尔飘来的一丝暖意，仔细研究后却发现是海市蜃楼。销售的第一个合同是几个电源模块，总额 38 美元，高兴中更多的是凄凉。紧接着的一场金融危机更像是一场大雪，将整个大地都冰封了。传来的消息中有多少多少运营商即将倒闭，有某某对手退出了市场的争夺，有在打官司的，有在清理货物的，官员们走马灯似的在眼前晃来晃去，我不光失去了嗅觉，甚至视线也开始模糊了，一系列提高嗅觉的措施停下了。眼前的所有景物都变得迟缓起来（除了那些正在极力挽救自己储蓄的人）。于是，我不得不等待，由一匹狼变成了一头冬眠的北极熊。那段时间，我有点想哭了，我不想浪费自己的时间，更想念遥远的家。但我想起了那个电影的名字——《莫斯科不相信眼泪》，忍住了。1998 年，我们几乎一无所获，除了告诉俄罗斯我们还在；1999 年，我们还是一无所获，但是我们在日内瓦郑重地告诉了俄罗斯：我们不仅还在，而且还要继续加大在俄罗斯的投入。记得在日内瓦任总对我讲："李杰，如果有一天俄罗斯市场复苏了，而华为却被挡在了门外，你就从这个楼上跳下去吧。"我说："好。"

为了这一个字，我提前结束了冬眠，开始了大量的准备工作。招聘了一些优秀的人才，送回了公司总部，以备将来使用（这些人现在已经成为我们市场部的中坚）；在俄罗斯开始组建一支正规的当地营销队伍，培训后送往俄罗斯各个地区，以此为基础形成了我们目前的营销网络；我们的合资企业开始了艰难的起步，开始对外展现它的存在和生命力；在不断地拜访中，我们认识了一批运营商的管理层，建立了相互之间的了解和信任，形成了我们目前主要的客户群；我们堂吉诃德似的日复一日地进行着产品推广，寻找着我们的知音，我眼前浮现着徐胖子面对客户口若悬河的场景①，想起那句口头禅：讲得你翻白眼……

终于迎来了市场的复苏，终于看到华为在俄罗斯站住了。当IT的冬天逐渐来临时，海外市场却迎来了收获的季节，为公司送来了一丝暖意和曙光。我不用跳楼了，我的收获更是大于我的付出。任总说：海外市场拒绝机会主义。我也是在这几年的时间里明白了这个道理：几年中从无到有，从小到大，建立了一支过硬的营销队伍，在这个过程中我学到了很多的东西，克服了华为文化在国际化过程中的水土不服问题，锻炼了队伍，也锻炼了自己。我已经很少想哭了，面对困难更多的是勇气和激情。莫斯科不相信眼泪，海外市场不相信眼泪，华为公司不相信眼泪。

展望未来，伴随俄罗斯电信设备市场的复苏，我们将面临日趋激

① 徐胖子即徐昕泉，原为华为终端电商总裁，2014年从华为离职。

烈的竞争，不断完善自我的首要任务，管理的改进，业务运作与流程的不断优化，华为品牌的进一步提升，售后服务体系的健全，服务水平的提高，融资手段的拓展，员工素质和水平的提高，如何留住高素质的人才，华为文化的真正软着陆，建立起一支能够打硬仗的跨文化团队等问题……我们感觉任重而道远。

海外市场是公司度过寒冬、迎来更加美好的明天的关键，每一个热血男儿都应该响应公司的号召，在战斗中磨炼自己、提高自己。脚踏实地、拓展海外市场，利用全球市场的差异性，应对危机，是我们每一个海外人员的职责。海外市场拓展更是我们生命中不可忘却的一段乐章和记忆，是对我们最深刻的考验和洗礼。

莫斯科不相信眼泪，爱拼才能赢。

（选自 2002 年 11 月 5 日第 135 期《华为人》报，作者李杰）

22. 浅谈对“跨文化冲突”的管理

华为公司走向世界的过程中面临的挑战是多种多样的，包括如何针对不同区域市场制定合适的产品策略，如何选择客户关系管理和一线机构运行管理模式等。但是比起这些可以自主掌握的要素，一个行踪不定但却又无处不在的，影响企业真正国际化过程的现实挑战，就是来自跨文化冲突的挑战。

一个公司国际化的过程中，越来越多不同文化背景的人需要在一起工作，跨文化冲突自然会发生，如何处理和应对就成了首要课题。如果对这个问题处理不当，就会引起企业人员之间许多误会，影响团队士气，继而降低企业运作效率。

我们应当认识到人的行为是受到价值观直接控制的，而价值观又和他的文化背景直接相关，并受其约束。对跨文化冲突的管理要求我们不仅要认识到文化差异和影响的存在，更重要的是要学会如何适应它，避免和化解原本不必要的跨文化冲突。

根据荷兰学者哈福斯对某跨国公司分布于60个国家16万雇员的抽样调查，他将跨文化差异分为四个层面。第一层面，文化中对个人取向和群体取向的差异。一般来说，东西方文化在这点上的区别很明显，比如说，一般说美国人更多考虑的是个人责任自负，而中国人更多考虑的是上级、家人、朋友要求我说什么、做什么，或者是我这么做是否会引起群体不满。第二个层面是对于权力距离处理的差异。如印度和英国，下层对上司的权力很敬重，并不能向美国那样相对较为随便。第三个层面是对于不确定情况的回避。如中国文化能够容忍高度不确定的状态，但是德意志民族则相反。第四个层面是文化中的男性成分与女性成分比例的差异，男性成分多的文化则强调物质和秩序，而女性成分多的文化则强调人际关系之协调。

从四个不同层面来理解跨文化的概念，对于管理者理解和化解原本不必要的跨文化冲突很有帮助。为了帮助人们理解文化的持久力和韧性会对人的行为有多大影响，为什么不能低估跨文化差异的影响，斯坦福大学的碧莲·沙利文撰文讲解了一个典型的跨文化冲突与管理案例。

在一个美国医院里，一名美国白人男性医生发现他手下新来的菲律宾护士用错了一种仪器，于是就告诉她应该如何操作，并问她是否理解了，那护士点头说理解了。但是后来的操作还是不对，这个白人医生又去问护士是否理解他的讲解说明，护士还是点头说理解了。很显然这两人的沟通出了问题，其实这个医生没有意识到，在菲律宾文化中，地位低的人对地位高的人一般不说“不，我没听懂”，因为她唯恐地位高的人觉得地位低的人责备他没有讲清楚，其实这个美国白人医生就是想得到菲律宾护士的直接反馈，了解她的理解程度。一名非常富有跨文化管理经验的医院主管了解到此事，建议那个白人男性医生耐心地对菲律宾护士讲解完仪器操作后，请那名护士来重复他讲解的过程。事实证明，这名医生在听菲律宾护士复述的过程中很清楚地了解到了她掌握仪器操作的程度了，当然，菲律宾护士再也不用对医生说“不”了。

在北美这段时间的工作经验告诉我，无论如何你都不能低估一种文化的影响，认识和理解一种文化的深层次东西，不能仅从一些标签化的表征印象开始入手。如一般认为美国人比较开放，无拘无束，比起其他西方发达国家不太注重秩序，家庭和伦理道德观念要淡漠些。但是深入一些当地人的生活后，实际了解到的情况是，美国人从小接受的教育就非常强调严格的纪律和服从，大多数美国人非常注重家庭生活，而且一般人都有较为强烈的信仰和价值观，其中广大的中西部民风之淳朴，比起中国的某些地区还有过之而无不及。整个社会的主流价值观取向非常趋同，而这些价值观都植根于他们共同的信仰中。所以对美国文化的深层次接触会帮助我们理解当今美国和美国社会的对内对外政策、群体政治、经济行为和社会主流的动向。

另外，我们要意识到无论企业自身文化如何强大，还是要多从企业所处的当地的行业宏观环境来考虑跨文化管理应对策略，比如说我们是电信设备制造商类企业在北美的分支机构，有开发、市场、服务多个部门，各种岗位、各种肤色的雇员在一起共事，应该注意学习设在当地的其他电信设备制造商和运营商的企业运作管理中的一些和跨文化相关的通常做法。如美式企业文化中一个非常典型的做法，就是企业无论大小都有一个温馨的茶水间，向员工提供休息、沟通的场所和咖啡、茶水、可乐等免费饮料，也有些企业放上一台自动售货机。整个北美电信行业不景气，各个电信巨头都挖空心思来节省开支，据说某 IT 公司在硅谷的总部曾经一度要取消茶水间的免费饮料，但是这个小小的消息在整个硅谷的业内人士中成了茶余饭后广泛议论的话题，俨然和公司大规模裁员的话题分量不相上下。可以想象，如果我们来自不同文化的管理者不顾这些文化中的惯例，可能对当地员工心理带来的负面影响远远超出预期。

最后，我们来看一下对跨文化冲突的解决策略，这其实是个“文化协调”的过程，这个策略的第一步是准确描述情况，当认为冲突有可能是和不同文化背景相关时，可以先试着用一般的方法来纠正，如正面的解释说明和运用规章制度，如果能够解决，就排除了这个冲突是由于文化背景不同而造成的。第二步是尝试文化解释，如发现工作中的紧张关系确有文化因素的影响，和跨文化背景相关，那么就要尝试从不同文化角度来解释冲突产生的原因。第三步就是进行文化协调，这个过程就是找到一个通融的办法，既能直接解决问题本身，又能使不同文化背景的双方都能接受。其实上面的故事已经非常形象地将解决策略的三个步骤都包括进去了。

简而言之，跨文化冲突的管理对于一线管理者有相当高的要求，不仅企业高层应当投入精力来抓，更应鼓励一线管理者培养容忍不同文化的意识和想出融通解决方法的技能。令人欣慰的是我们公司确实已经意识到，且开始行动起来了。

（选自 2002 年 5 月 30 日第 129 期《华为人》报，作者常峥）

23. 投身国际市场 开创职业生涯新天地

掐指算来，我到海外工作已近3年的时间，从带着公司的使命第一次走入非洲南部，到目前我司的产品销售和业务拓展遍及全地区十几个国家，组织建设了数个一线市场机构，中外员工发展到几十人，其中尝尽了酸甜苦辣。

未经历过的困难锻炼人的意志和精神

刚到此地，面对25个国家，4.5亿人口，地盘差不多是中国2倍的一个陌生市场，没有人了解中国的电信产品，更没有人知道华为公司，一切都是从零开始。那种渴望打开市场局面的焦虑和接踵而来的失败的打击总是交织在一起，让人心力交瘁。失败不可怕，怕的是打垮我们的意志。经历多次煎熬，我们也逐渐形成了那种根本不惧怕任何失败，立即从失败中抽身出来，投身下一场战斗的心态。可以说初期的胜利是从失败的山堆里挖出来的，经历巨大的痛苦和艰辛的劳动，来得实在不易。记得1999年8月当我们第一次赢得肯尼亚国家智能网标时，我和刘京青不能平静[①]，几乎整夜未能合眼。

做国际市场初期十分艰难，不像现在的组织经过大力建设已经逐渐健全，兵马渐壮。非洲地区和印度、巴西、俄罗斯这些大国不同，国家分散，不出差就很难做好工作。几年下来，飞机坐了不知道多少趟，从

① 刘京青，现为华为北美地区部执行副总裁。

波音到蜻蜓飞机，护照也用掉了 3 本。1998 年我基本上都是一个人频繁跨国出差拓展，那年在肯尼亚，居然两个月没讲过中文，现在回想起来真是一种幸福，正是因为那段时间，我的英语水平得到了飞跃性的提高。在国内你可能碰不到这些困难，也就体会不到它带给你的收获和价值。

如果能保持坚强的精神意志，恶劣环境所带来的影响就能够被克服。非洲经济环境较落后，卫生条件较差，许多同事在非洲出差和工作期间都生过病，但最终都顽强地战胜了疾病；简单的饮食也是一个挑战和考验，国内带来的"老干妈"辣椒酱是代表处的珍品，它可以把西餐变得中式一些，事实上，通过努力，大家都基本适应了西餐，有的还变得爱吃西餐；像坦桑尼亚的金矿开局点没有饮用水和电，尘土飞扬；我们的用服工程师还从埃塞俄比亚开局点的楼顶上摔到地上受伤，但是在他们的艰苦努力下，我司的产品接连在非洲几国胜利开通；在南非，我碰上过许多在国内很难碰到的事，如被误抓去过警察局，被持枪歹徒洗劫过，请律师上法庭打过官司，还遭遇过骗子；在安哥拉，我们的勘察小组胜利地完成了南部 4 省的实地工程勘测。我想，如果我们对精神、意志、身体几方面一起"造访"的痛苦都能够战胜，那么在今后的职业生涯中，还会有什么困难不能克服呢？这大概是我们在海外工作的最大收获之一。

跨文化的工作环境提高人的适应能力

在国外工作，是在另一种文化中工作，我们的客户与我们有着不同的肤色、宗教、语言、生活习惯和价值观。我们要花费很多工夫去适应这种工作要求，但是，一旦进入这个境界，也就感觉很自如，就和我们在国内工作没有太大差别，特别是电信运营商客户的总体思路和需求基本上是一致的。国外的客户对你很客气，但是对产品和服务的质量要求却非常高。

跨文化的工作环境使我们进一步认识到，在今天这个国际经济大融合的时代，要真正走入国际市场，在我们自己头脑中首先要淡化“中国公司”的概念，真正从多方面与国际接轨。在这里，不能言必谈中国，而要言必谈非洲，必谈世界。只有真正了解他们的需求和习惯，才能使客户接纳我们。西方公司在几十年的发展中形成了一种国际电信文化，影响和左右着我们的客户。它与我司在国内市场的习惯做法有较大的不同，要让客户与我们一起工作感到舒服和自然，我们必须改造自己，开放自己，接纳他们的文化，用同一种语言和思维工作。这体现在工作的各个方面，从语言、工作方式到产品宣传、品牌树立、技术推广、客户拜访、交流、培训、投标、工程和售后服务等，只有这样，我们的远期目标——成为非洲电信市场的四大供应商之一，才可能成为现实。

工作的挑战促使自己全方位地发展综合职业能力

国际市场一线主管与国内不同，说你是个代表，可能就你一个人，或者几个人。尤其在1998、1999年拓展初期，国际市场的支撑体系尚未健全，一线人员基本上都是赤膊上阵，所有的看家本领全要使出来，没有本领的也给逼了出来。几年下来，十八般武艺居然都练过了，大到各种产品的技术推广、汇报会、高层公关、政府关系、项目融资、招投标、现场勘测设计、技术方案洽谈、报价、合同起草洽谈、代理发展、公司举办大型鸡尾酒招待会、参加国际性专业会议、本地广告宣传、注册公司或者代表处等活动；小到电脑、外语、开车这些基本技能，样样都从不熟悉到熟悉、到熟练应用，这种机会国内是找不到的。

产品技术拓展人员可以找到最大的发挥空间。海外不像国内，人员可以招之即来，挥之即去，组织一场大型技术汇报会十分困难，不提前 2 ~ 3 个月计划，根本找不到人。没有人怎么办？冲上去！无数次的锻炼，发展了我们全方位的技术推广和综合应用能力，面对几十个客户，可以侃侃而谈三四个小时，从公司汇报，到交换，再到接入，到传输，到 WLL（无线本地环路），再到综合解决思路。在工作中根据环境的需要，我们还发展和应用了一些新的推广组织方法，包括飞行推广、重要官员单人推广、电子邮件推广、解决方案定向专题推介推广等。

说到管理综合能力，国外真是最佳的锻炼场所。海外市场机构和国内办事处所处的环境差别很大，国内是整个公司在树立形象，总部无数个机构在为办事处服务。但在海外，公司的品牌还辐射不到，华为公司的形象还要靠当地机构来向客户传递，既要销，又要营，更要树品牌。组织不但要管理好，还要不断地发展扩充。主管必须要站在公司全局的角度，去思考区域市场，去审视自己的机构和未来的发展规划。当地机构的一切事务，所有市场活动的开展都要抓起来，除了互联网联系着总部和一线，在外的机构真是一个浓缩的小华为。

体会另一种生活的乐趣

海外的生活尽管艰苦，但还是十分丰富多彩的，它拓展了我们的视野，使我们对这块土地，这里的人民，乃至整个世界的文化及发展有了更多的认识，对生活的真谛有了更多的理解。

在非洲，从南到北我一共到过13个国家。几乎所有国家的公用电话厅前从早到晚都是排着长队，这些电话的话务量的爱尔兰数（Erlang，用于统计电信流量）基本上是1。人们十分渴求电话和接入信息社会，与我国20世纪90年代初那种饥渴十分相似。在津巴布韦开通WLL后，农场主激动地说，我们等了10年，最终是你们创造了奇迹。海外工程部的汪宏和唐源在肯尼亚开局点奈瓦沙被当地人奉为上宾，成为知名人士；坦桑尼亚电信总裁访问完我司后，给我司写了热情洋溢的感谢信，信中说，“我们对华为的实力信服，希望和华为建立战略合作，希望尽快派小组协助我们做全网规划……”非洲许多国家承受高额的债务，但又长期忍受着西方国家电信市场的高价垄断，他们的电信在与政治经济环境的斗争中和巨大需求的压力下奋力前进。

非洲有着壮丽朴素的自然风光。我们在肯尼亚的WLL局就坐落在雄伟的东非大裂谷中，旁边有巨大的死火山口，趴满河马的大湖和大片的鲜花出口基地。利用业余时间，我和同事先后去造访过有几百万只火烈鸟的湖泊和成千上万只动物的野生动物国家公园，亲眼感受雄狮捕猎的壮观景象；拜访过古老原始的马塞族部落；访问非洲最南端的好望角；参观了世界最壮观的维多利亚瀑布；在印度洋和大西洋搏浪风帆和游泳；我们还被邀请在当地人家中做客，品尝他们的主食白玉米粉。这一切都使我产生了对这片土地和淳朴善良的非洲人民的热爱，给我的一生留下了一段美好的回忆。

（选自2000年11月25日第111期《华为人》报，作者邓涛）

24. 走出去 又是一片天空

我们步履蹒跚，睁着迷惑、诧异的眼睛走进了国际市场，开始了在海外这一新领域的奋斗和打拼，经过几年的摸索，凭着一股子百折不挠的韧劲，终于迎来了海外市场的新局面，开始摘取一个个用汗水浇灌出的果实。如今，为了迎接海外市场更大的机遇和挑战，为了真正走向国际化，树立真正的国际化品牌，还需要大量的优秀儿女奔赴海外。为此，我们采访了一些在海外工作过几年回来的和正在海外工作的市场人员，从他们那充满艰辛又多姿多彩的海外工作生活中，我们也许可以看到更美好的前景和希望。

懵懂中的探索

在摸不到方向的沙漠上艰难地行走着，终于，看到了指引我们前行的灯。

最初对国际市场的一无所知，使我们犹如行走在不辨方向的沙漠上，一片茫然和不知所措。外国人对中国的不了解，甚至偏见，使我们感到十分惊讶。许多人认为中国商品不过是一些服装、鞋帽等纺织品，大不了有些自行车，还以为中国满大街跑的只有自行车，连汽车都没有，并不认为中国还会有什么电子产品，更不用说高科技产品了。因此，扎实做好宣传是至关重要的。

X国代表处代表黄灿是1999年3月去的X国，6月份就组织了一个技术推广会，一下子就把公司的名气打出去了。8月份，又找机会请

X 国的邮电部长到公司考察，10 月份又有日内瓦展，该国来参展的 70 人中 90% 以上到我司的展台观展，他们对公司的认识更进了一步。之后，我们与 X 国的项目决策人作了很好地沟通，2000 年年初又请了一个考察团来公司。在这一系列的铺垫下，我们在去年中了第一个标，现在当然中的标就多了。

在 X 国市场的开拓过程中，起初他们并没有急于去做项目，而是开展各种各样的交流会、技术推广会、研讨会，让别人了解你，信任你。只有做好了宣传，才能做好以后的项目工作。

也就是通过这些锲而不舍的宣传，诚恳的沟通，使外国人渐渐认识了我们，认可了我们的实力和品牌。经过一批批市场人员的努力开拓，我们的产品突破或准入的国家不断增加，产品的多元化也得到了发展，于是才有了现在海外市场的捷报频传。

几年来的艰苦奋斗，我们已走过了对国际市场一无所知的最初始阶段。一开始我们懵懵懂懂，广撒胡椒面，只要捕捉到一点信息就扑上去，常常把力量投到了不该投的地方去，这当然是一个不可避免的过程。但现在我们已积累了一些经验，对国际市场了解得多了一些，所以应考虑将有限的力量投入到最有希望的地方去。就像黄灿这位老市场人员说的，最初我们是在摸不到方向的沙漠上行走，现在终于有了个马灯，蜡烛，虽然还不像电灯那么明亮，但至少知道了该往哪儿走，不再是一片茫然了。

长远眼光获得长远利益

盐碱地终将变成沃土，进入发达国家市场我们有信心。

目前，我们的海外市场在发展中国家已有了大的突破，取得了丰硕成果，但要进入发达国家市场还存在巨大困难。但“我们要有战略眼光，有的看似盐碱地，长远来说还是有收获的。我们应把眼前利益和长远利益结合起来”。在国际市场打拼了好多年的乔小平在谈到开拓国际市场时，仍信心十足。

万事开头难，做发达国家市场和做发展中国家市场一样，都要有一个过程，有一个相互了解认识的过程。发达国家是世界巨人西门子、爱立信、朗讯等公司精心耕耘的地方，是他们的大本营，各地都有他们庞大的机构，人员众多，配备齐全，和这些公司竞争的确是很不容易的。但发达国家一般电信私有化程度高，自由度大，各个运营商只要看准了市场，看准了客户群，就可以自己去寻找解决方案。这时候，我们如果能提供一个对他有利、见效快，并根据他的客户特点，提供一个客户化的解决方案，我们还是有希望的，这也是我们的优势所在。随着公司产品性能的不断完善，解决方案的不断丰富，以及职业化素质的提升，那么发达国家市场也会像现在发展中国家市场一样，终会有大的收获，我们不能放弃。另外，国家要加入 WTO，市场要进一步开放，我们不努力进入国际市场锻炼自己，总有一天会被别人吃掉，所以要绕到别人后方去，做到你中有我，我中有你。

寂寞成就美丽

在适应了难耐的寂寞之后，生活也能因为工作和学习而变得丰富多彩。

乍到一个国家，令人兴奋的异域风情吸引着你，可当这种新鲜感过后，加上市场前景不明朗，工作压力大，环境不熟，想家，于是一股难耐的寂寞油然而生。

由于语言不通，其实一些发达国家的英语普及率也不高，只有层次比较高的人才能用英语沟通，所以在生活中比如打的士，吃饭等，语言的障碍给大家带来了许多不便，更使人增添了一种孤独感。乔小平讲了一个笑话，他刚到国外时，有一次到餐馆点菜，拿着菜单，两眼一抹黑，不知怎么点，但又不好意思表现出自己不懂（第一次出国，心里还怯怯地），只好装模作样地点了四个菜，结果发现四个都是汤，吃了半天没吃饱。

然而，寂寞成就美丽。为了克服语言障碍，大家利用一切机会学语言，有的人英语有了突飞猛进的进步，有的人学会了一点俄语、西班牙语……不管怎样总算能和人沟通了。大家渐渐习惯了吃西餐，甚至喜欢上了西餐，还能做个一两样出来。有的人吃起手抓饭来也是津津有味。有一些代表处和当地的中国公司的员工一起组织了球队，踢踢足球、打打篮球，也来个比赛什么的。

在国外不像在国内市场那样，有那么多可调动的资源，有着完善的求助系统，国际市场的支撑体系不那么健全，因此对市场人员的综合素质要求高，从产品的技术推广、汇报会、项目融资、招投标、合同起草洽谈等，到电脑的操作技能、外语、开车等，样样都得去学习，从不熟悉到熟悉到熟练运用。国际市场给人提供了一个最难得的锻炼机会和最大的发挥空间，这是国内市场找不到的。

海外生活当然艰苦，但那多姿多彩的文化风情，却是我们平时很难领略到的。你感受过雄狮捕猎的壮观景象吗？拜访过古老原始的马塞族部落吗？你体会过在印度洋和大西洋搏浪风帆的滋味吗？……因此，在非洲市场上奋斗了几年的邓涛说："海外的生活尽管艰苦，但还是十分丰富多彩的，它拓展了我们的视野，使我们对这块土地，这里的人民，乃至整个世界的文化及发展有了更多的认识，对生活的真谛有了更多的理解。”

（选自2001年6月29日第118期《华为人》报，作者徐梦侠）

第五章

CHAPTER 5

走一条“知本主义”的道路：构筑自己的企业文化与核心竞争力

25. 把劳动作为“知本”参与企业营运

1996年8月18日上午，深圳市委书记厉有为与人大教授、华为公司几位领导进行了座谈。人大教授就“知本主义”问题、华为管理模式的普遍意义、《华为基本法》的指导思想等谈了看法。厉书记充分肯定了人大教授与华为公司的合作和对企业理论的积极探索[①]，并就深圳市的高科技企业政策、所有制性质以及公有制实现方式等问题发表了重要意见。

厉有为：今天可以大胆地讲，年轻人的观点可以不一样，讨论问题没关系，这样才可以交流。今天主要就是听你们讲，不必有顾虑、随便讲，我不会给你们“扣帽子”的。

“知本主义”道路的可行性

“要建设一个强大的基础，摆脱对人才的依赖，摆脱对资金的依赖，摆脱对技术的依赖”，摆脱了这三者的依赖，就使一个企业“从必然王国走向自由王国”。

杨杜[②]：上次任总提出了一个现在还不是很成熟的概念，都说华为有一种独特的企业机制，我们想能不能把华为的这种独特的企业机制进

① 华为曾邀请中国人民大学教授彭剑锋等来公司做顾问，为华为的营销管理提供咨询，后随着咨询内容的不断扩展，最终形成了十人专家小组。《华为基本法》即为专家小组讨论起草的。

② 杨杜，中国人民大学学者，曾在日本神户大学学习经营管理。获经济学博士学位。1996年，任中国人民大学工商管理学院教研室主任、教授，并进行博士后研究。

行归纳和提炼，最后形成一种理论，叫做“知本论”，或者叫“知本主义企业”。我们在国外也看过很多高科技企业，了解了它们在怎样的环境下，怎么发展起来，怎样壮大的过程。大家一直在说，作为高科技企业，华为有一种独特的机制和文化在里面，并且有很多操作性的东西，但是怎么认识它，还没有一个特别明确的概念。我们认为：华为企业要发展，最重要的是解决这三个问题。第一，企业性质问题：华为到底是什么企业，定性很难。第二，华为要持续成长，不仅要解决企业定性的问题，还要解决企业发展动力在哪里的问题。另外，现在华为面对的竞争对手是世界上相当强大的公司，这和我国很多企业面临的状况相似，所以，第三，华为竞争力的源泉从何而来。这三个都是相当大的问题，可能和深圳市的高科技企业发展，和深圳的第二次创业都有一定的关系。现在还很难判别华为到底是什么企业。华为已经做在前面，我们正在进行研究和总结。现在学术界还没有一种新的理论指导，在企业界和理论界还没有根本性的突破，我提出了“知识”是不是华为最重要的资源、“知本”是不是一个很有用的概念这一想法。在资本主义国家里，资本是最重要的特征和力量，掌握了资本，雇佣和生产资料等一切都好办了。社会主义国家讲劳动，但劳动似乎已经不能解释企业存在的现象了。任总也感觉到从知识这个角度来看企业，是不是会更科学点。华为是一个人才密集型、知识密集型、资金密集型的高科技企业，知识在华为是非常重要的，华为特有的股份制和按劳分配等都隐含了对知识价值的重视和实现。我们想能不能通过华为和其他的实践，写出一本像马克思的《资本论》的书，这是中国式的“知本论”。

我们感觉，华为的发展，道路可能有三条：第一，传统资本主义道路。华为现在是民营，企业发展起来后，是不是要往资本主义道路上发展？所有是个人，经营是增值获取利润，分配是按投资的比例，自然是往资本主义方向发展。第二，传统社会主义道路。继续以按劳分配的原则走，将来企业不断发展和扩大的时候，企业的财产怎么处置，职工持股、职工本位问题都不能解决。第三，“知本主义”的道路。华为最重要的一条就是团结一批高素质的人才，利用他们所贡献出来的知识智慧，飞跃性地向现代化国际化企业靠拢，这样的企业走的是不是“知本主义”道路？社会主义侧重分配，各尽所能和按劳分配，在华为拼命干，好像不仅仅是为了利益的分配，也是为了一种贡献，一种创造，并且生死与共。这种气氛很明显。（孙总：杨老师也讲过一个观点，我们原来是说“把利益连在一起”，后来改为“把命运连在一起”。利益和命运有区别，也就是“命运共同体”）

现在，在华为发现很大的矛盾，如果按资分配的话，收入是按几何级数的方式增长，如果按劳分配，拿到的待遇是算术级数增长[①]。随着华为的发展，两者之间的矛盾会越来越大，具体体现在新老员工的矛盾上面。新来的员工的开创性、知识的贡献等方面可能会优于老员工。企业发展的动力靠什么来支撑，或说企业发展的后劲和活力怎样激发出来？这就成了问题。如果这种机制不解决调动员工的积极性和贡献他们智慧的问题，企业发展就会受到严重的阻碍。如果投资成“刚性”，一直可以按一定比例，而且是越来越大的比例增长，这样，新员工积极性自然就会受影响，这个矛盾华为任总已经认识到。他说每个创业者都要脱胎换骨，以牺牲的精神对待企业，这样企业可以达到长期安全稳定和健康的发展。他们想了很多办法，如职工持股、利益均沾等。他们实践上已经做了，但理论上还没有具体解释，好像还没有明确。华为有很多

---

① 几何级数为等比级数，是指后一项是前一项的某次方；算术级数为等差级数，是指后一项比前一项增加某个常数。

人才，但其他公司也有人才，为什么在华为能形成凝聚力，拼命去干，并且能干出成绩？人才在华为变成现实，是什么使他变成现实？有什么激励机制？这是一个非常重要的问题。

如果华为走的是第三条路，用“知本主义”来概括，那么“知本主义”至少包括以下几点：第一，他应该比我们认识的资本主义有更大的包容性。他容纳了资本主义那种按资分配的合理内核，满足了员工的一种“所有”欲望。企业是我的、我有资产，但又不完全是这种方式。员工可以按劳分配，同时又可以按资分配。我对企业占有股权，我可以把原有的劳动变为资本，企业也有我的一份，这种感觉会让员工发挥更大的积极性和创造性。第二，如果往“知本主义”方向发展，也要包括社会主义方式的内涵。但一定要比刚才说的传统社会主义还要宽。社会主义的原则，一个是公有，一个是按劳分配。但华为机制的形象比喻不是“公有”而是“共有”。传统社会主义的分配原则是按劳分配。第三，如果按“知”分配，首先，要明确“知”到底是什么？是不是包含信息？人的智慧？还包含一种劳动？还是这三种都包含在里面。我提供信息、我贡献了知识；我有一种智慧和创意，还有一般普通员工的劳动等。其次，我们认为，第一，知识包含三种性质，它是一个所有的含义。知识是我的，我可以贡献出来，也可以不贡献出来。如果用“无形”资产来概括如“知识产权”，则明显地表现了知识这层含义。第二，我可以经营和管理这个业务，我可以参与劳动。第三，我这个知识还可以参加分配。这三者即是“所有”“经营”与“分配”，这与资本具备的性质是不同的，是不是超越了资本主义？当然，这里面有关知识的量化和操作还需要很多实践。

关于企业发展的动力。如果只讲分配形式，而不讲奉献和贡献，企业持续发展就有很大的问题。一个企业不仅要有“资本”的增值，还要有“人才”的增值，“知识”的增值。任总说过，“要建设一个强大的基础，摆脱对人才的依赖，摆脱对资金的依赖，摆脱对技术的依赖。”我不知道这是怎样的一种境界，华为企业的发展这三个都不依赖，那到底依赖什么呢？

任总认为摆脱了对这三者的依赖，就使一个企业“从必然王国走向自由王国”。我们认为，如果一个企业能够活用员工贡献的知识，建筑一个“知识平台”，就可能形成一个牢固的企业基础，离开了我这个平台，你不一定有所发展。因为现代企业时代不是科技个体户时代，走向自由王国的华为是不是依赖的就是这么个知识平台？我们一直在帮华为悟出这方面的东西。如果找到这条路，是否也找到某种适合中国发展的一种新的模式，一种动力和竞争力的源泉。

华为现在把“按劳分配”和“按资分配”连起来了，而且职工这个股权，在一定阶段也是按一定比例发放，你多要也没有。这是不是企业对职工的劳动之外的知识贡献进行的评定。传统上，职工参加了劳动就不能“所有”企业，而资本只能雇佣劳动，不能反过来。华为的突破是不是在二者之间找到中间联结点，把知识和产权连起来，而且在不断变动，如果你昨天贡献了知识，就可以得到相应的出资权，而今天没贡献，就没有了出资权；企业里面是能上能下，你贡献了知识，我已经给了你出资权了。而企业总的出资权不变，这样使拥有知识的人掌握着企业的出资权，企业的凝聚力加强，也越来越有活力，这些人永远是企业的核心，并管理着企业。过去的人也就过去了，比例越来越小，也就被稀释掉了。如果按资本主义方式来分，那投资者永远是比例越来越大，后来者是贡献最大，收获最小，而华为已经在不断探索和解决这些问题。这里主要是一个企业发展动力的问题，用一种比较灵活、不断变化的产权结构，再加上一种内部经营管理的变化，最终结果是企业的持续成长。这个动力问题解决了，企业是不是就成了一个无敌的企业？同时总是把最具有竞争力的人，最具活力的人放在企业的中间，这样企业就可以被不断推向前进。如果按劳动时间来量化，劳动时间长创造的价值就高（按简单劳动来说），如果用简单劳动的途径和方式去同西方先进国家竞争的话，我们必败无疑。如果抓住知识这个角度，把我们的脑子开动起来，在这方面有所突破的话，我们就可能赶超西方先进国家。因为这种知识的创造和思想的创造与时间没有任何关系，这样华为用很短的时间就可能超过世界先进通信公司。而这样的成功是在知识积累和创造的基础上。关于知识和钱的概念，比如我投资 1 万元，从这个地方投资到那个地方，你利用 1 万元赚了一点钱，你就分给我 100 元，是分红或者股息，这只不过是钱在空间上的换位，通过进行一种交换就可以体现。而知识就不同，放在图书馆时叫书籍，书籍本身是不能创造价值的。在华为的每一个员工把自己的知识奉献出来，形成一个知识平台与华为全体员工共享。但并不是损失了什么，只要你奉献一点，华为知识平台就扩大一点，华为公司就能源源不断地发展，这种方式就是出“知”，而不是物理上的“换位”。这也是企业发展非常关键的东西。也就是把“知识”转化为“资本”。你出知识，我给你相应的工资，同时根据你的贡献，我给你出资权。通过这种产权，你和企业形成“命运共同体”，你把自己的知识不断地贡献给企业。反过来，“资本”也可以转化为“知识”，公司投巨资去培养人才，把优秀的职工培养成人才，这些人才再在企业内循环，两者之间互为转化，把“有形”变为“无形”，再把“无形”变为“有形”。

“知本论”或“知本主义”的研究是个很大很复杂的问题，既然我们大家都有兴趣，我们就继续进行探讨和研究。关键是能不能找到一条成功的思路，如果竞争的机制做不好，还是突破不了。我们就是要找出这种独特的东西。让企业去实践，国家政策再去引导，这样是不是就可以把事情做得很好？我们现在主要是想这些问题。任总昨天发来的传真谈到了“知本论”是个什么东西。任总讲“知本论”是新时代精神文明的支柱。我们目前还没有悟出其中的意思。他是不是从社会的角度来看，把知识分子爱国家、爱民族的这种心理联系在一起，为什么？因为我们这些曾在国外的知识分子，把自己的知识、才华奉献给祖国心里才痛快。所以，只有自己的国家、民族富强起来，走到哪里才都有一种自豪感。我们这三者之间（政府、学者、企业）的联合，是不是也在建立一种新的“研究平台”？走出一条理论与实践相结合的道路，最后能够变成理论指导实践的效果。

这几年深圳的发展非常快，我们找到了一个研究的舞台，同时，也找到一个“知音”（华为这样的企业）。我们要找到一个框架，研究的成果我们可以用，企业也可以用。请大家共同研究寻找。

形成一个“命运共同体”

真正把知识转化为生产力，靠的是管理。《基本法》要在理性的基础上成为一个导向和一个动力。

包政[1]：我讲几句，中国的农村改革是成功的，城市企业改革好像没有农村改革那种冲劲。我们来华为就有一见如故的感觉，就感受到一种活力，它实际上是一种创新，它要走别人没走过的路。“知本论”给

① 包政，中国人民大学学者，曾先后赴日本东海大学和日本神户大学学习经营管理。获经济学博士学位。1996 年时，任中国人民大学工商管理学院工业企业管理系主任、教授。

人一种全新的感觉，知识如何转化为生产力。它与劳动者有关，真正把知识转化为生产力，靠的是管理，因为知识在脑子里不转化出来，不叫生产力，怎么转化出来，需要传递，特别是有知识的人，用什么驱动他，使他转化，并且朝着一个方向，这就是我们起草《基本法》最重要的问题，就是要达成共识，也就是形成一个“命运共同体”，使员工认识到这是自己的。如果大家不能达成共识，作出承诺，那么知识分子之间互相争斗也是很厉害的，把你折腾半死是很容易的。如果是这样，还不如没有文化的好。我们认为，华为这方面做得特别好。《基本法》我们已经起草出来，并把它整理为一系列可操作的文件。关键能不能在这个平台上，让每一个人的心想在一起，认同这个事业是共同的事业，而且每个人的境界是很高的。比如要产业报国，要走“知本主义”的道路。中国的文化和资本主义文化是有区别的，资本主义没有私交，但合作得很好。中国是“同心文化”，是同心同德、同甘共苦，必须跟你是吃到一块，喝到一块，咱们才能成为朋友，才能共事。这样的东西，一旦在企业中生根是要命的。所以，任总强调讲哥儿们义气是封建的意识，这种方式不可能支撑一个大企业。我们在起草《基本法》时，一直在考虑如何帮华为能够持续地富有活力并且超越自我，把主题上的东西提炼出来，让大家认同。不是吃吃喝喝，大家成为朋友，然后再干事，那是成也在一起，败也在一起，“桃园三结义”就是这样的结局。我们要以企业家的境界，并且可以和国际公司抗衡，以这种境界来提升，达成共识，在此基础上规范我们的管理。现在华为有二千六百多人，如果达到五千人、一万人和十万人，它靠什么来管理？靠哥儿们义气完全是不行的，它的核心就是管理，管理的目的就是让每一个人都朝着一个共同的目标前进；靠制度来驱使他、引导他。《基本法》要成为一个导向和一个动力，就是在理性的基础上，领悟这些东西，然后指导自己的行为。这个任务才刚刚开始，内容很大，任总说要做三年。如果在深圳这个地方做出来，对中国内地的改革将具有重大的指导意义。中国的改革不是修修补补，如果能使每个人都认同这个事业，并对这个企业有所奉献的话，那么这个企业肯定有成就。问题是我们的改革根本没有找到这条路子，我就简单讲到这里。

典型的“华为现象”

在华为我们看到了“独立自主、自力更生”的方针在高新技术领域的成功。

黄卫伟①：我们在起草《基本法》时，总是在思考华为为什么会取得巨大成功，这些成功的因素，能不能使华为今后再取得更大的成功，华为要取得更大的成功，还需要些什么？这不仅是简单地对华为经验进行归纳和总结，还应该是把它再升华，归纳为高新技术企业成功的一种模式，这样才有普遍意义。

“华为现象”是非常典型的。我认为有以下几点：第一点，“华为现象”是在一定社会、政治、经济环境下，特别是在政府政策环境下的产物。我不觉得它是深圳市优惠政策的产物，因为优惠在一定范围内都存在。我把这种政策称为“抓稳入险”，也就是抓住那些关系国计民生和社会稳定的产业，放开高技术、高风险的产业。这和中央的“抓大放小”政策一起，总算是摸到企业改革的路子了。特别是高科技企业这一

---

① 黄卫伟，中国人民大学学者，曾在加拿大麦吉尔大学学习。获经济学硕士学位。1996 年，任中国人民大学工商管理学院教研室主任、教授。

块“放小”，因为高新技术企业都是从小企业开始的。华为一开始的注册资本只有 2.4 万元。把小企业放开，它才能够成长起来。第二点就是企业家的功劳。西方著名经济学家熊彼特认为“企业家是以创新的方式重组生产要素”；还有一个是哈佛大学的斯蒂文森教授，他是从管理行为的角度来说的，“企业家是追求机会而不顾手中现有的资源”。而行政型的管理者是有多少钱办多少事。生产要素被企业家重组有一个前提条件，那就是必须可以调动。过去计划经济把生产要素控制在各部门内部，最后把它管死了。我觉得在深圳这个环境下，使生产要素流动起来了，这样企业家就可以充分施展才能，发挥企业家的作用，重组的条件越好，产业调整也就不用担心。我们现在宏观管理老是在研究如何调整产业结构，而生产要素却总是调不动，最后是放一放、松一松，原有的结构又膨胀了，结果是全国都在复制同一个结构。深圳的发展绝不是仅靠现有手中的资源，深圳原来并没有资源，一片荒野，领导人就是调动国内、国外的各种资源为深圳所用。华为也是这样，我感觉任总就是真正的企业家。这个企业家不是为了自己发财，而是为了把事业发展壮大，每次会上，他口里总是念念不忘阿尔卡特、AT&T、爱立信等大公司。（厉有为：所以我们支持他，我们就是看到他有这种敬业精神）第三点：在华为我们看到了“独立自主、自力更生”的方针在高新技术领域的成功实践。合资在引进国外的资金、技术和管理方面有一定的作用，但后遗症也是很严重的。结果是被别人利用，或者让别人占领市场，中国的民族工业已经没有多少了。而任总认为，在高新技术领域一定要形成自己独立自主发展的技术支撑体系，然后才可能在竞争中战胜世界级公司，否则永远是别人更新换代和淘汰产品的收容地。第四点，是在机制和制度上的创新，而不是简单地照搬西方的管理。华为是在探索中达到今天的成就，其中就有对“知本主义”的探索。资本主义是谁出资属于谁；社会主义是公有制，公有是属于全体劳动者，属于国家和社会的。问题是隔得太远，使劳动者看不见、摸不到，他看不到他的所有权、他的投入、他的贡献和他的利益之间的直接关系，但在华为实现了这一点，他属于那些有知识、有创造、有献身精神的华为人。第五点，是组织上的创新。华为是通过矩阵运作，团队合作，使企业内部的要素流动起来，实际上就是让最优秀的人最有权、最有资源，只有使最优秀的人才与最有前途的产业结合在一起，企业才最有发展前途。第六点，华为在文化上也走出一条新路子。它不是简单地把传统文化拿过来，而是吸取传统文化的精华，因为企业毕竟是经济组织，它要竞争和发展，而传统文化的主要功能是协调和稳定社会。同时，它也大量吸收西方成功的企业文化，融入华为中去。第七点，华为经常搞“运动”，但华为不是整人，而是让大家都“动”起来，不能总是埋头在一个岗位上，时间一久就只会做这项工作，员工会忘记企业在做什么、追求什么，没有这些东西指导本职工作的话，那员工工作的局限性就很大，也就很难有主动性和创造性。所以任总经常搞“运动”，主要是让大家的思想激发出来，互相碰撞。所有这些现象，我认为都不是偶然现象，而是有普遍意义的。我们之所以来这里，就是看到华为确实是希望所在，确实是中国未来道路之所在，是非常有希望和前途的企业。

企业家的素质

他们不是等待，不是发牢骚，而是以民族大业为己任，埋头苦干，扎扎实实，用自己的大脑及双手，去创造，去开拓。

孙健敏[①]：我是学心理学的，我喜欢从心理学的角度看华为。从个人的角度来说，华为的成功，更多的是企业家的独立自主，自力更生。这几年乡镇企业和民营企业发展也说明了这一点。不可否认，政府的政策为我们的发展提供了一些条件和机会，但是为什么在同样的条件下，华为发展壮大起来了，而其他企业还有差距？关键在于企业领导人的素质，具体表现在独立自主的意识，创新精神，艰苦奋斗的作风和坚强的毅力。具备这些条件，可以成为企业家。我们认为，任总是真正的企业家，他不是去为个人赚钱，而是要干一番事业，用华为文化来说就是产业救国，产业报国。这种精神落实到员工身上，就是员工的团队精神，也就是个人奋斗加团队作战。不论是从任总身上，还是从华为其他管理人员身上，乃至华为的整个组织文化中，我都深切地感受到这种自力更生的精神和脚踏实地的行为。他们不是等待，不是发牢骚，而是以民族大业为己任，埋头苦干，扎扎实实，用自己的大脑及双手，去创造，去开拓。一群受过高等教育的年轻人在任总的带领下，创造了华为的今天，“科学技术是第一生产力”在这里得到了具体体现。我们把这种精神和机制概括为“知本主义”。我们是一帮书生，能够与华为合作，也是一种令人深思的现象。华为能够认同我们本身也是一个创举。我们能为华为做什么？一不能搞技术，二不能搞生产，用不谦虚的话说，我们能“奉献管理知识”。这种合作，是建立在一种双方互相认同，自觉自愿的基础上，也可以说是“知本主义”的机制运作。

① 孙健敏，中国人民大学学者，曾在澳大利亚国立大学学习。获心理学博士学位。1996年为中国人民大学劳动人事学院副教授。

从无“知”走向“知本”

华为诞生的时候是从无“知”开始的，这种无“知”创造了华为。

杨杜：华为诞生的时候是从无“知”开始的，不知道这个行业全部都是世界重量级的。只知道市场大，不知道这是垄断性、政策性很强的市场，这种无知创造了华为，如果华为在长大的时候，再无知那就麻烦了。所以请我们来做管理系统，既不能管死，也不能放开，只有理顺一下，而且要花三到五年的时间，而不是一挥而就，要慢慢把它理顺。

孙亚芳：我们准备花两三年时间，把“基本法”起草出来，写一本书出来，也就是中国的管理也能走向世界，将来华为还要输出管理。杨老师讲课时讲到的一个问题，就是两权分离的问题。经营权和所有权目前还是合在一起的，而且占有公司股权的比重很大，可能是五百到七百人，这样就可以把大批人调动起来；另外杨老师也总结了，这个核心层是可变的，总有那么一批人在拼命地干，我觉得我们公司一直都是这样做的。还有一个就是矩阵管理，我们中央研究部全部是矩阵结构，公共资源共享，减少很多重复工作。

包政：我们最主要的是跟合作者资源共享，哪怕这个合作者是竞争对手，这个胸怀是很远大的，竞争的目的是双赢，不是把对方杀死。

“扬弃”才是真正的继承和发展

“十九世纪最伟大的工程是实行了‘普选权’，二十世纪我要实现的是财产的‘普有权’。”

厉有为：听了你们的讲话，很受启发，今天这个休息日没有白休，收获很大。深圳最初是一个小渔村，1980 年建市，那时候工业产值才 1.6 亿元，以农业和渔业为主，很贫穷，吃粮靠政府返销粮，农民的年收入平均 129 元，县城里职工年收入 778 元，是广东省最穷的地方。那时候的香港和深圳有一个大瀑布式的落差，贫富差距就不用说了。但是深圳这十几年已发展起来，并且发展很快，这主要是小平同志和党的方针政策的正确指引，如果不是这样，现在也许还很贫穷，没有太大改变。如果没有中央批准为特区，也发展不起来。起初发展的时候没有基础，主要吸引一些劳动密集型企业，甚至是污染的夕阳工业，当时在南油那个小半岛就有 60 多家印染厂，现在已经搬走了一大半。那时候没有办法。经过发展，十几年以后，再这样干下去，深圳就不可能成为一个现代化的国际城市。产业层次非常低，内地来了很多劳动力，效率不高。从实际情况看，劳动力成本不断提高，地费、水费、电费、房租费各种费用都在增加，与刚来时不一样，可以划块地给你，不要钱，现在寸土寸金。条件也变了，不可能搞低档次的产业，一定要搞高科技产业，所以我们集中力量发展高科技产业，制定了很多政策，并且立了法，除此以外，各方面给予优惠和支持，特别是知识产权的入股，经过无形资产评估然后再找合资，深圳市有很多企业是这样扶持起来的。去年全国高科技产值占工业产值的 6%、广东省不到 10%，而深圳市占 20%，今年要达到 25%，这超过全国任何城市，并已经在七大产业方面形成气候。高科技企业也有几种发展情况：一种是掌握发明的领导者，他们的目光比较短浅，拼命捞钱，不考虑怎样发展成一个产业，怎样把企业做得更大；另一种是把国有企业和大专院校的科研成果拿出来自己去做，深圳国有企业也走掉不少，它们把技术也带走了，自己去另立门户；还有一种，确实有些发明家很专一，发明了很多，但他们没有市场观念，发明后还得政府支持他们，他们也不开拓市场。如我们的劳动模范邹德骏可以说是发明大王[①]，获得了几次世界博览会金奖。现在他又去了，自己又没钱，我们政府给他钱，他的发明目前转化不成生产力。最后一种，像华为这种类型，企业的领导人有知识、有见解、有事业心、看得比较远，并且到世界各地去开拓、去想办法和国际企业竞争。我们这里也有这么一批企业家，像这样的企业，我们是重点支持，重点扶持的，让他们把企业机制搞好、理顺，特别是现代企业的机制。一个是帮助他们扩大生产，一个是帮助他们在技术研究上可以和国际最先进技术媲美、有竞争力，占领国内和国外两个市场。华为就是这种类型，这是我简单谈谈深圳市的高新技术产业的由来和大致情况。就华为这几年的发展来说，也由于你们以上说的这些原因，市委市政府对华为都是很支持的，并且是长期一致同意支持的。我们的支持就是提供服务和创造条件，创造一切条件促进发展。市委市政府可以说是千方百计支持他们。没有政府的支持，企业发展就会受到好多限制。这是我要说的第一点。

第二点，听你们来华为做“基本法”起草工作，这很可贵。因为你们能走出院校，能够到基层来、到生产第一线、到企业来，这是难能可贵的。但是理论要和实践相结合，要在实践中创造和发展，没有实践的理论，很难指导企业发展，这条路子对学者、理论界来说是必须要走的。这点我很赞成。你们不把理论当教条，立足于“扬弃”、立足于探索和发展、立足于走出新路。寻找一条适合我们国情的、符合生产力的、促进生产力发展的新路是非常了不起的，你们思想上已经解放，但有的人却抱着老框框；有的把理论当作教条，一辈子都不改。在这种情况下，你们这种精神是非常可贵的！把理论当作教条是害人的，马克思

① 邹德骏，深圳发明大王，迅雷前CEO邹胜龙之父。

和恩格斯的理论是想指导社会，推动社会发展。如果把它教条化，本身就是把马克思主义歪曲了，马克思主义最根本的精髓就是辩证唯物主义和历史唯物主义方法论，我们要运用他的世界观和方法论来认识、探讨和解决现实生活中存在的问题，这才是真正的马克思主义。这是我想对你们说的，你们要继续深入下去，一定会有成果，并且是具有普遍指导性的成果。

第三点，就是对所有制的“度”的把握，我不是搞研究的，主要是搞实际工作。现在理论界认为，所有制形式不是“私有化”，就是“公有化”，这个争论已经落后了。我有这么个想法（注：只是交换意见，今天只作学术探讨，先把性质定下来），资本主义和社会主义这个所有制界限在什么地方？在所有制方面和生产资料占有的方面，资本主义和社会主义的区别在什么地方？我个人认为：如果极少数人占有多数生产资料，就是资本主义；如果是多数人占有多数生产资料就是社会主义。我认为这两者之间有一个“度”的问题。超过这个“度”就可以判断，谁是资本主义？谁是社会主义？（杨杜：这个观点是非常让人深思的，你把资本主义放这头，社会主义放那头，一条连续谱上的两端，不是以前的二元化，非此即彼）

第四点，公有制的实现形式问题。现在我们提的社会主义公有制就是全社会占有制，这个观点你们刚才说过了，这和职工个人、经营者个人之间利益关联度太低，几乎没有什么联系，无法调动人的积极性。甚至还不如给私有老板打工的工资，这个问题在我们这里很明显，这个所有权是理论上的“所有权”、理想化的“所有权”，这样说可能严重了一点。公有制也有成功的，法国的电力公司就是公有，以色列几乎全部公有。我说的“所有制”就是要把一部分公有和全社会公有区分开。要把理想化“所有制”就是要把一部分公有和全社会公有区分开。理想化“所有制”，变成真实占有的“所有制”，这个真实占有的社会主义所有制不是少数人占有多数生产资料，而是多数人占有多数生产资料，如果是这样，那分配就公平了，社会就公平了，而马克思主张的就是社会公平。不要说社会主义，连资本主义政治家也懂得这个道理。英国前首相撒切尔夫人说过一句话：“十九世纪最伟大的工程是实行了‘普选权’，二十世纪我要实现的是财产的‘普有权’。”这是一种社会进步，生产的社会化与生产资料占有的社会化是必然趋势。所有权是多权结合，包括所有权、经营权、财产处置权、收益分配权，在现代的生产里面，所有权和经营权是可以分离的，但必须要和财产的处置权、收益分配权相适应，否则，是空的、不实际的所有权。所以，在企业里面也要多数人占有多数生产资料，贡献大的和不大的，这个差别肯定要拉开。应该鼓励企业去投资、去发展，这才是正确的发展道路。

（本文根据深圳市前市委书记厉有为同志和人大青年学者座谈纪要整理，编者有删节。选自 1996 年 11 月 29 日第 37 期《华为人》报）

26. 企业不可穿上“红舞鞋”

穿“红舞鞋”者的命运

从理性上来说，人们绝不会以生命为代价去追求个人事业上的短暂成功，可是人们还具有太多的不受理性控制的感情方面的因素。

一个流传甚广的童话故事说，有一双非常漂亮、非常吸引人的红色的舞鞋，女孩子把它穿在脚上，跳起舞来都会感到更加轻盈、富有活力。因此姑娘们见了这双红舞鞋，眼睛都发亮，兴奋得喘不过气来，谁都想穿上这双红舞鞋翩翩起舞一番。可是姑娘们都只是想想而已，没有谁敢真的把它穿上脚去跳舞。因为这双红舞鞋传说还是一双具有魔力的鞋，一旦穿上跳起舞来就会永无休止地跳下去，直到耗尽舞者的全部精力为止。但仍有一个擅舞的、年轻可爱的姑娘实在抵挡不住这双红舞鞋的魅力，不听家人的劝告，悄悄地穿上跳起舞来，果然，她的舞姿更加轻盈，她的激情更加奔放，姑娘感到有舞之不尽的热情与活力。她穿着红舞鞋跳过街头巷尾、跳过田野乡村，她跳得青春焕发，真是人见人爱，人见人羡。姑娘自己也感到极大的满足和幸福，她不知疲倦地舞了又舞。夜幕在不知不觉之中降临了，观看姑娘跳舞的人群都回家休息了。姑娘也开始感到了倦意，她想停止跳舞，可是，她无法停下舞步，因为红舞鞋还要跳下去。姑娘只得继续跳下去。狂风暴雨袭来了，姑娘想停下来去躲避风雨，可是脚上的红舞鞋仍然在快速地带着她旋转，姑娘只得勉强地在风雨中跳下去。姑娘跳到了陌生的森林里，她害怕起来，想回温暖的家，可是红舞鞋还在不知疲倦地带着她往前跳，姑娘只得在黑暗中一面哭一面继续跳下去。最后，当太阳升起来的时候，人们发现姑娘安静地躺在一片青青的草地上，她的双脚又红又肿，姑娘累死了，她的旁边散落着那双永不知疲倦的红舞鞋。

这个故事真使人感慨良多。相信谁读了这个故事，心里都很难过，都会同情那位可怜的姑娘。从理性上来说，人们绝不会以生命为代价去追求个人事业上的短暂成功。可是人们还具有太多的不受理性控制的感情方面的因素。人生的道路上像红舞鞋这样的诱惑是随处可见、时时可见的。要面对它而能够做到心不为所乱，行不为所动，实在是很不容易的事情。经营企业如同经营人生。企业的表现归根结底就是企业经理人的表现。企业经理人每天也同样面临着类似于红舞鞋的诱惑。

显然，企业经理人的责任不是为公司寻找一双红舞鞋，使公司只能活上一阵子。那么，企业经理人的责任是什么呢？为了回答这个问题，我们需要先提出另一个问题，即企业的责任到底是什么？

企业的首要责任是活着

尽管在理论上企业要获取利润的最大化是很时髦、很动听、很吸引人的，是非常有魅力的红舞鞋，可是实际上公司连要取得维持企业活着的最小利润率都是很不容易的事情。

“企业的首要责任是活着。”这句话是现代管理学大师彼德·杜拉克说的[①]。他说这句话的时间是在 20 世纪 50 年代初。当时，他的这种观点被认为是保守的，显然是与一些经济学家的观点截然不同的。后

① 彼德·杜拉克（Peter Drucker）也译作彼得·德鲁克，终身以教书、著书和咨询为业。德鲁克一生共著书 39 本，在《哈佛商业评论》发表文章 30 余篇，被誉为“现代管理学之父”。

者认为公司存在的目的就是要谋求利润的最大化。在后者的理论指导下，各种各样旨在谋求利润最大化的企业经营模式就被发展起来了。不过，好在经济的发展历史是企业自己写的。50年过去了，"保守"的杜拉克先生仍然活着，而且名声大噪。遗憾的是，很多企业却没有活下来，其中小型的、名不见经传的公司数目可以用百万计，大中型的，包括巨型的公司在内，没有活下来的也可以用万计。其中至少包括在计算机领域曾不把英特尔公司放在眼里的王安电脑公司、二战结束时独霸大西洋航线的泛美航空公司等。1997年以来在东南亚和东亚金融危机中有多少没有活下来的泰国公司、马来西亚公司、菲律宾公司、日本公司、韩国公司以及我们中国的很多公司，是很难数得过来的。至于又还有多少公司是在死过去以后又活过来的，或是濒临死亡边缘的要死不活的公司、半死半活的公司、靠吊水打针灌氧气在维持奄奄一息的公司，或是在证券交易所作为特殊处理的、实际上已经死掉的公司，它们一共有多少，我们只能用不胜枚举来形容。可见尽管在理论上企业要获取利润的最大化是很时髦、很动听、很吸引人的，是非常有魅力的"红舞鞋"，可是实际上公司连要取得维持企业活着的最小利润率都是很不容易的事情。

企业活着不容易

每家企业肯定都只有一个最适合自身的活法，也都只能按自己的活法去活。

无独有偶，近年来我们经常听到任正非先生在各种场合反复地强调："我现在想的不是企业如何去实现利润最大化的事，而是考虑企业怎么活下去，如何提高企业的核心竞争力的问题。”乍一听，这句话的调门不高，但是仔细一想，这却是一句真心话，也是一句对企业实实在在负责任的话。经营企业当然要赚钱，但是首先要做到的却是要避免损失、不能亏钱，一亏钱，心里就发毛，就容易乱阵脚，活下去就会出问题。为了活着，公司必须确定一个必须达到的最小利润率。这个利润率必须满足三方面的功能：

（1）抵消在已发生的生产过程中产生的成本；

（2）抵挡冒险可能发生的损失（未来难预测，企业所有为未来进行的活动都带有冒险性）；

（3）承担应尽的社会义务（缴纳税收，为综合国力的增强而服务）。

由此可见这个所谓的最小利润率，其实肯定不是一个小数字。假如企业连实现这个最小的利润率都感到力不从心、勉为其难的话，那么企图潇洒地跳舞就很不切合实际了。特别是今天，在高科技产业领域内的技术变化和创新的速度之快是如此令人目不暇接。它使我们企业可能面对的各种风险既难以预测，亦难有既定的对策。而另一方面，历史留给我们的教训就是在高速发展的经济环境中冒起来的企业，一旦遇到经济的减速和停滞阶段，往往会无所措手足，刹不住车（或者说像那位跳舞的姑娘收不住脚更合适），因而陷入突然出现的困境或是绝境。对此，彼德·杜拉克曾经明言警告：“在迅速扩充的公司里成长起来的人，当企业进入一个巩固和调整的时期时，他们可能恰恰成为毁灭公司的力量。”他绝不是在危言耸听。当公司处于穿着红舞鞋跳舞的快速发展时期，人人都是喜气洋洋的。很多人进入公司得到就业的机会，很多人被提拔为经理，很多经理拥有的权利和实惠得到扩大。可是当经济的发展一旦缺乏动力，公司不得不停下来实施巩固和调整的时候，喜气洋洋的局面顿时消失了，就算不是人人自危，至少也是人人不满。难得有人会愿意主动地放弃自己已经享受到的实惠和位置，或是愿意主动地放弃自己晋升的机会，或是愿意主动地从岗位上退下来，以支持公司的调整或重组。因为人们的欲望还在随着不知疲倦的红舞鞋的步子跳舞。为了避免可能的尖锐痛楚和撕破脸面的难堪相对，为了安抚骚动不安的人心，重新获得公司的一团和气（即使只是表面上的），公司只有勉为其难地继续保持向前高速发展的势头，穿着红舞鞋不停地跳下去，直到骨头架子全散开。很多公司就是因此而没有活下来，很多公司今天也正面临着这样进退维谷的困境。

除此而外，企业活着不容易的因素还有很多很多。比如说你是活在自己的使命里，还是活在别人的产品里？要是前者，你必须有依据原则建立起来的使命和行使使命的责任，而实践证明使命常易写，责任多难行；要是后者，你必须有快速跟进行业龙头和迅速复制的能力，而现实的情况是龙头企业如果带错路或是有意虚晃一枪，你努力跟进的全部心血就可能泡汤。你还可以选择活在自己的核心能力里面，或是活在别人的品牌之下。前者，你需要客观地研究你的顾客和他们所需要的真正价值，因为确定你的核心能力的是你的顾客，而不是你自己；后者，你需要适当地收藏起你的个人重要感，以甘当一牛之尾而满足。每个企业肯定都只有一个最适合自身的活法，也都只能按自己的活法去活。要是大家都按一个活法活，肯定都会活得一塌糊涂，结果是大家都活不好，也活不了。企业的活法如果不对，会活得很痛苦，也难得活长久。而一个企业的活法是否正确不仅对这个企业至关重要，对其他的企业也非同小可。考虑企业的活法，即怎样才能活下去，是所有的企业经理人都要认真面对的问题。

顾客决定我们的核心竞争能力

顾客真正的价值往往隐蔽在表面的需求之下，而企业的特长也往往是由顾客的需求，而不是公司自己的主观想象来决定的。

企业的活法不太可能由企业的经理人主观地设计出来，因为在自由的市场经济体制中企业的活法既不是由企业来决定的，也不是由公司的响亮名称，更不是由白纸黑字的公司章程所决定的，它们是由顾客——消费者在购买产品或服务时需求的满足所决定的。我们见过太多的以产品，或是以行业特点命名的公司，当它们的产品，或是它们所在行业被市场淘汰时，往往这些企业就相继破产。我们也见过太多的公司章程，尽管它们把公司的活法规定到几乎是明细入微的地步，但是顾客的一声“不”字就把这些规定冲了个稀烂。

企业经理人在确定公司的活法时最好是能够客观地从旁观者的角度，以顾客和市场的眼光，由外及里地来观察公司，把顾客真正需要的价值到底是什么这个问题好好地思考清楚。对于这个问题，企业经理人往往会从公司现有的产品或服务等方面去寻找答案。其实，这个问题不是可以很直观地回答出来的，往往需要有一点很好的悟性。有这样一个案例或许能给我们一点启发。

美国有一家专营办公文化用品批发的公司，成功地向一家著名的大型百货公司的文化用品专营部连续供货了 5 年之久。批发公司的老总为了表示感谢，特地邀请百货公司的有关经理共进晚餐。席间，发生如下一段谈话：

批发老总：“抱歉，有一事求教。”

百货经理：“我的荣幸。”

批发老总：“贵店5年来一直选择本公司作为独家供应商，是否因为本公司的供货品种有所特别？”

百货经理：“毫无。”（斩钉截铁的两个字）

批发老总：“是否因为本公司的供货价格比别的供应商稍低？”

百货经理：“稍贵。”（又是斩钉截铁的两个字）

批发老总：“这你就令我糊涂了。”

百货经理：（迟疑片刻）“坦白地说，我们之所以一直选择贵公司作为独家供应商，主要是我们一直在学习贵公司的管理，并从中得到很多收获，特别是贵公司的配货管理、货物展示管理、库存周转管理和财务结算管理给我们补益良多。”

批发老总：（先是目瞪口呆，继而恍然大悟）“这么说来，贵公司不过是把我们提供的商品当作获取我们的管理知识的渠道。”

百货经理：“你以为我们会白白地付给贵公司这么优惠的价钱来购买大路货吗？”

批发老总：（激动地握住百货经理的手）“你启发了我，多谢，多谢，我明天就给贵店派一名主管协助贵店工作，免费，由我开薪水。”

后来的故事据说是这样的：那家善于学习的百货店发展成了有名的沃尔玛连锁超级市场；那个批发公司的老总注册了另外一家专事管理咨询的顾问公司，它就是今天有名的麦肯锡管理顾问公司的前身。

这个案例的含义给人两方面的启发：

（1）顾客真正的价值往往隐蔽在表面的需求之下；

（2）企业的特长往往是由顾客的需求而不是公司自己的主观想象来决定的。

我们一直在强调提升我们企业的核心竞争能力，因为核心竞争能力无疑是使我们的企业能够活下去的保障。什么是我们的核心竞争能力？这不是一个可以简单回答，或是可以清楚描绘的问题。对这个问题的进一步认识需要我们对我们的顾客有一个全面客观的了解。谁是我们的顾客？什么是顾客真正需要的价值？这个问题是我们经营企业的首要问题。这些问题对于像我们这样一个正处于发展阶段之中的企业尤其重要。因为我们刚开始创业的时候没有经历，得不到充分的顾客和市场的反馈，所以很难回答这个问题。而如果等到我们经营失败的时候再来反思这个问题，又可能为时太晚，对企业已经没有什么实际的意义。因此，在经过了十年的高速发展以后，目前对于我们华为公司可能是提出和回答这些问题的最好时机。

核心竞争力是维持商业生态系统平衡的能力

"一个人有进步是不够的，整个周边环境都要进步。如果只有一个人干得很快，各方面都没有实现同等进步，一个人进步很快也没有多大意义。"

毫无疑问，我们公司的主要顾客之一是中国电信。第 88 期和第 89 期《华为人》报先后在头版的位置刊登了时任华为公司常务副总裁李一男先生和高级副总裁徐文伟先生关于进一步加强华为和中国电信之间的合作的重头文章。作为客户，中国电信在华为心中的位置是极为重要的。尽力向中国电信提供一流的设备和一流的技术服务是我们始终不能有所懈怠的工作。问题是在我们要成为世界一流的设备供应商的同时，我们的国内竞争对手肯定也在瞄准世界第一流的水平，那些领先的潜在国际竞争对手更会设法加大它们领先我们的距离。没有谁会愿意成为第二流的设备供应商，没有谁会愿意活在别人的阴影里。大家都要尽力为设备运营商提供一流的设备和技术服务。真正决定胜负的是谁拥有设备运营商所需要的独特能力，即我们得拥有越来越多的核心竞争能力。在中国加入 WTO 之后，中国电信等设备运营业的活法肯定会和今天不一样，它们的活法也只能由它们所服务的社区顾客来决定。至于老的社区顾客会不会投向新来竞争者的怀抱，新的顾客会不会不选择老的设备运营商，我们没有把握。但至少有一点我们可以肯定，那就是在信息服务业开放以后，社区顾客的忠心是不能靠打出“中国电信中国人的电信”的爱国主义招牌，或是高喊“中国人不打 X 国佬的电话”等口号来网罗得到的。而我们同样也不可能靠高唱“弘扬民族工业”的调子，或是打出“中国人的电信只能用中国人的设备”等旗帜来唤起运营商们对我们的忠诚（当然，不排除突发的政治性事件，使我们可以偶尔得到这样的机会）。中国电信能不能在 WTO 开放的市场格局中活下去固然和一流的设备和技术支持关系重大，但是更和它们自己的经营能力和服务意识有关。无可置疑的事实是，一方面中国电信在近几年来大大地加强了服务意识，增强了危机感，在手段的更新和服务的改善方面赢得了社区顾客的好感，同时以自身的发展带动了中国信息产业的发展，这是十分可喜和可敬的。但是在另一方面，我们不能不正视另一个事实，那就是长期的垄断经营和计划经济的体制，使中国电信在维持企业生存的两大基本功能方面与它们将要面临的国际竞争对手相比，仍然存在相当大的差距。企业功能就是营销和创新。而企业的这两大功能只有在创造顾客、赢得生存的强烈使命感的激发下才能得到发展。现实的情况是我们信息服务业的顾客大多不是创造出来的，而是在别无选择的情况下不太心甘情愿地自动投奔而来的。一方面中国加入 WTO 指日可待，时间不等人；而另一方面营销和创新能力的培养需要时日，十年方能磨一剑。

或许，这就是中国电信所需要的真正的价值。

我们说过“我们将永不进入信息服务业”。这是我们希望“通过无依赖的市场压力传递，使内部机制永远处于激活状态”。毫无疑问，这是我们对自己提出的伟大挑战。但是，这里面丝毫没有我们不会主动地研究信息服务业的含义；丝毫没有我们不会尽力地把我们在营销和创新方面的经验和教训去帮助设备运营商的意思；这里面完全没有你搞好你的运营业，我搞好我的制造业，我们的明天就一定会更加美好的理想主义。正如李一男先生和徐文伟先生在文章中所指出的一样，我们和设备运营商是风雨同舟、唇齿相依的伙伴关系。他们如果没有想到的事情，我们不想，谁想？他们如果没有做到的事情，我们不做，谁做？他们如果有困难，我们不帮，谁帮？有他们的持续发展才会有我们企业的不断繁荣。帮助运营商就是帮我们自己。这个道理是如此简单明了。如果我们的设备运营商在未来的竞争中失去社区顾客的拥护，他们会无力为设备的更新换代而投资，我们研制出来的一流设备将难寻用武之地。我们和我们的顾客之间、我们的顾客和他们的顾客之间，都共属于一个相互依存的生态链。我们的顾客的顾客决定我们的顾客的活法，我们的顾客又决定着我们的活法，而我们的活法又决定着我们的供应商的活法，任何一个环节如果出问题就会影响到整个商业生态系统。所以我们活着的目的是一定要帮助你们活，而你们活着的目的就是一定要帮助他们活，这样一环套一环，大家才能活着。这好比任正非先生强调的，“一个人有进步是不够的，整个周边环境都要进步。如果只有一个人干得很快，各方面都没有实现同等进步，一个人进步很快也没有多大意义。所以我认为在这个不断进步和优化的过程中要特别强化周边的协调有效，我们每一个人的进步要和整个周边，整个流程共同进步放到一起。”（见《华为人》第 89 期头版《在生产系统“自我批判”大会上的讲话》）。这段话就是对商业生态系统地整体性的生动描述。今天，我们华为在进行流程的建设和优化。精悍灵活的流程将提高我们的反应能力和生产率，但如果只有我们拥有高效的流程，而企业周边没有和我们配套的流程，那是没有什么实际意义的。如果中国电信没有建设相应的流程，他们将无法针对社区顾客的需求作出灵活的反应，将无法消除内部的大量非增值工作和废工。而其他按流程建立起来的竞争者就会乘虚而入，甚至取中国电信而代之。同样地，如果中国电信的社区顾客（组织单位）没有生活在以流程为中心的环境中，他们将无法提高生产率，实现不了能够维持生存的最小利润，结果会连基本的信息服务消费都承担不起。而无论是哪种情况，最终都只能产生一种灾难性的结果，那就是整个商业生态系统被破坏，大家都活不了。所以正如任正非先生所主张的一样，华为的进步要和整个周边，整个商业生态系统的共同进步放到一起。从这个意义上说华为不能关起门来搞自己的流程，而要大家一起搞流程，既帮助周边搞流程，也请周边来优化自己的流程。这就是我们的顾客所需要的价值，也是我们自己所需要的价值。

在这个意义上来说我们的顾客的范畴实际上已经超出了中国电信、其他有关的信息服务业，还包括了在我们这个商业生态系统中的所有环节。而我们的核心竞争能力就是这样一种准确地判断商业生态系统中所有顾客的根本价值，及时地提供有力的服务，使整个系统的生产率都得到大幅提高的综合性能力。

责任的定义需要创新

关于责任的标准，我们不能期待会发现一套可以一劳永逸地解决管理问题的责任百科全书。我们在很多情况下只能根据具体的情况和原则作出灵活的反应。

杜拉克提出的“公司的首要责任是活着”，这句话里面最重要的一个关键词可能就是责任二字，是它决定着公司能不能活着的问题。如果一个公司的责任连使公司活着都成问题，其他一切伟大和崇高的东西都可以免谈了，谈了也是空话。但是责任这两个字又可以说是一个几乎把我们的耳皮磨得起茧了的、老套得掉牙的词。“你要负责任！”或是“你不负责任！”也是被用滥了的、使人感到麻木不仁的套话。要让人们对责任二字不产生抵触情绪，重新燃起一种新意，焕发起一股热情，还实在是一件很不容易的事情。但实际上往往正是这些司空见惯的词最容易被我们忽视、误解和误用。我们想当然地认为我们了解它们，而不认真地对它们的实质性含义进行深入的研究和探讨。似乎无论是谁都可以信手拈来地就把责任一条一条地制定出来，无论是谁也可以一套一套地把责任锁一边儿去。更使人尴尬和哭笑不得的是，责任这个词甚至还可以被某些经理人冠冕堂皇、理直气壮地用来对付真正的责任。责任和责任打架的事情在很多企业里是司空见惯的事情。近来最常见的例子就是关于ISO9000质量体系。它里面规定的责任不可谓不严密。但是恰恰是在很多严格地遵照ISO9000质量体系的企业中发生了很多令人啼笑皆非的事情。很多个人可以在狭隘的岗位责任制或部门责任制的神圣名义之下拒绝对整体和全局负责任，而且合理合法，无懈可击。而很多敢于对全局负责的个人却动辄得咎、处处碰壁，结果弄得猪八戒照镜子——里外不是人。如果责任都可以这样来理解，或是责任可以被操作成这样的东西，那责任的作用就成问题了。

在这个唯一不变的就是变化本身的时代，我们既不可能不制定需要用科学数据来进行考核的标准，但是我们又不能期待会发现一套可以一劳永逸地解决管理问题的责任百科全书。我们在很多情况下只能根据具体的情况和原则作出灵活的反应。在知识经济的年代，我们迫切需要对责任的定义创新。

责任是选择反应的能力

RESPONSIBILITY（责任）这个词，它是由 RESPONSE（反应）和 ABILITY（能力）这两个词组成的。所以责任应该是人类的一种对外界条件的反应能力。

1991 年因为对管理和教育做出了重大的贡献而获得国际管理委员会授予麦克菲力大奖（McFeely Award）的斯蒂芬·R. 柯维在他的名著《高效能人士的 7 个好习惯》中对责任有一番精辟透彻的诠释。他认为根据 RESPONSIBILITY（责任）这个词的构成来看，它是由 RESPONSE（反应）和 ABILITY（能力）这两个词组成的。所以责任应该是人类的一种对外界条件的反应能力。本能的反应，或是动物性的条件反应的不能称为责任。因为人不是活在动物世界，而是文明世界。但是文明世界的环境也并不都是蓝天白云阳光明媚，它既包含着顺境，也包含着逆境、绝境甚至死亡。高效经理人的责任就是要能够针对不同的环境条件，作出主动的、经过深思熟虑的选择性反应。顺境中头脑发热，面对各种虚名暴利的诱惑作出本能反应，穿上红舞鞋跳舞的企业会陷入困境。而顺境中居安思危，主动采取未雨绸缪反应的企业会保持持续发展。困境中牢骚满腹，被动地等待、依靠伸手要的企业难免不陷入绝境。而在绝境中保持乐观精神，采取主动反应的企业，却能战胜困难，走出困境，最终赢来顺境的再现。有这样一个我们熟悉的例子，它很有力地说明了责任就是反应能力。这就是“东方海外”公司的一段十年卧薪尝胆的戏剧性经历①。

1982 年，刚从船王董浩云手中接过东方海外公司不到两年的董建华，不幸遇上了世界性的航运业大萧条。石油危机和世界船载吨位大量过剩导致船价大跌。东方海外难逃厄运，业绩直落千丈，欠债竟然高达 230 亿港元的天文数字。很明显，东方海外绝对地陷入了绝境。继船王董浩云在这场浩劫中突发心脏病去世后，董建华的母亲也身患癌症。说祸不单行真是一点也不过分。一时间债权人纷纷上门讨债。面对公司的绝境、家庭的不幸和巨大的债务，董建华虽然感受到身体和心理上的巨大压力，但是他设法保持积极的心态，发誓要从破产的边缘上，找出起死回生的方法。他思考、选择着各种可以突围的反应方式。

董建华通宵达旦地和公司经理们开会，商讨开会的重组计划，有时连续 20 小时处理债权人和律师的电话。他穿梭往返于世界各地，努力地劝说 120 多家债权人和银行不要冻结东方海外的资产。几经努力，他终于争取到 200 多名债权人的支持，从而使他能进一步争取到汇丰银行提供的 38 亿港元抵押信贷，把债务成功地实施了重组。后来，他又争取到霍英东投资的 1.2 亿美元。然后经过努力，他获得所有债权银行的协议，将东方海外的资产重组，把集团的控制权拱手出让给债权人，他自己则“甘当打工仔”，继续为公司效力。这一切主动的反应都发生了积极的效果。最后，他终于在 1992 年扭转公司的亏损局面，重新赢利，使董氏家族得以重新控制公司的股权。多么漂亮的反应能力，多么有责

① 1947 年，董浩云先生的金山轮船公司的商船成为第一艘抵达美国和欧洲的中国商船。1969 年，集装箱运输业兴起，金山轮船易名东方海外货柜航运。今天，东方海外是全球最具规模的集装箱运输和物流服务供应商之一，在全球超过 58 个国家设有 230 多家分支机构，为世界顶尖的航运企业。

任感的职业经理人。

董建华是中国香港特别行政区的第一任行政长官。人们相信这样一位能在直落千丈的绝境中力挽狂澜的人物是能够履行起治理香港特区的责任的。两年多来的事实表明，董建华果然不负众望。

企业是由职业经理人来管理的，所以职业经理人的反应能力就是企业的反应能力。企业的核心竞争能力就是职业经理人的责任。企业的发达与衰败之分、高尚与低劣之分、精细与粗糙之分、规范与无序之分、稳健与浮躁之分、长寿与短命之分等，归根结底都是职业经理人责任感（反应能力）高低分野带来的差别。很显然，职业经理人呱呱落地的时候是只有本能，而没有责任的。职业经理人的责任必须通过后天的学习和培养才能获得。

使命主宰着责任

往往不是所发生的事情造成我们的巨大损失，而是我们对事情的不负责任的反应方式造成更加持久、更加强烈的深层创伤和难以估量的损失。

有趣的是，我们在很多情况下都可以见到或听到人们在提及责任的时候，总要把使命感和责任感连在一起用。这绝对不是偶然的。任正非先生多次说过这样的话：“不能担负起公司的使命，没有使命感和责任感，就不可能作为中高级干部在公司中存在下去。”（见《华为人》第75期第4版《不做昙花一现的英雄》）最近我们听到任正非先生在强调干部的素养时又提出：“这个素养中，除了技能的训练、职业化以外，更多的是责任心、使命感。”（见《华为人》第89期第1版《能工巧匠是我们企业的宝贵财富》）可见使命和责任之间的重要关联性。实际上使命和责任之间的关系既是紧密联系不可分割，又有先后主次之分。那就是使命先于责任，责任始于使命。使命和责任是配套的。使命有大有小，责任也有重有轻。使命领导责任，责任完成使命。没有正确的使命，就没有合理的责任。没有使命感的人，不可能正确地承担责任，或只是被动勉强地承担，并且可能承担责任完全不到位。有使命感（即使是伟大的使命）而没有责任感的人，往往空有一腔豪情壮志，甚至会流于夸夸其谈，因缺乏反应能力而不能完成使命。

世界上不幸的事情常常发生，但是往往不是所发生的事情造成我们的巨大损失，而是我们对事情的不负责任的反应方式造成更加持久、更加强烈的深层创伤和难以估量的损失。其实对国家和人民的根本利益负有强烈使命感的人，其悲愤的情绪甚至可能更强烈，其血债要用血来还的报仇冲动可能更高涨，其心痛的程度可能更难抑制，其挥洒的热泪可能要更多。但是他们的高度使命感可以控制住他们的本能冲动，可以使他们用理性的力量来战胜情绪的冲动。同时他们的高度责任感也没有睡大觉，而在选择中逐步地作出有礼有节的反应，使中国人民，甚至包括世界人民的根本利益不会动摇；使中国的经济发展，甚至包括世界的经济发展不会受到阻碍；使中国的历史，甚至包括世界的历史不会开倒车。这就是使命感的力量，就是在高度的使命感控制下履行责任的力量。

使命感是领导能力

使命的指向必须要游离于组织和个人本身以外，它的目标要高于组织和个人本身，并且要具有明显的利他主义成分。

使命感就是领导能力，是事物在思维中的第一次创造，是领导组织和个人的蓝图。责任是管理能力，是完成使命的能力，是把蓝图变成现实的能力，是把思维中的事物实体化的第二次创造。使命千万不能错，使命一错就要犯方向路线性的错误，就可能导致全局性的大问题。保证使命不出错的唯一可靠途径就是要让使命合乎公平、公正的自然法则。因此使命的指向必须要游离于组织和个人本身以外，它的目标要高于组织和个人本身，并且要具有明显的利他主义成分。无论是政治家或是企业家都必须如此来建立他们的使命。

埃及和以色列曾经是不共戴天的宿敌。埃及前总统萨达特是在一种对以色列人怀有深仇大恨的环境里成长起来的。他曾在国家电视台公开宣称，只要以色列人还占有一寸阿拉伯的土地，他就不会与他们握手。显然，萨达特是埃及所存在的一股对以色列同仇敌忾的力量和意志的象征。作为一国之总统，萨达特肯定不能让埃及人民生活在以色列的阴影之下。但是作为一个伟大的政治家，他的个人使命却促使他要把以色列人的平等权利也充分地加以考虑。作为一国之总统，萨达特肯定要坚持埃及的独立自主。但是作为一个伟大的政治家，他的个人使命也要求他要考虑到国家之间相互依存的现实。用仇恨永远消灭不了仇恨。他要和埃及人民心目中的仇敌实现和解。在崇高的使命驱使下，萨达特行使了他的责任。他主动地向以色列伸出了橄榄枝，应邀访问了耶路撒冷的哭墙。世界历史上声势浩大的一次和平运动在萨达特的倡议下就这样开展起来了。后来，埃及与以色列之间终于签订了著名的《戴维营协议》[①]。世世代代兵刃相见的埃及和以色列终于实现了真正的友好与和平。两个

---

①《戴维营协议》（Camp David Accords ）是埃及和以色列达成的关于和平解决中东问题的原则性协议。该协议于 1978 年 9 月 17 日在美国华盛顿签署。

国家的最高利益得到了保障，两国人民的基本权利得到了保证。

历史和现实给我们的启示就是，崇高的使命和伟大的责任总是像孪生兄弟姐妹一样携手并肩共同前进的。

职业经理人的使命是服务

使命显然是一种带着一点崇高和庄严意味的信仰，虽然因人因组织而异，但其主流本质都必须表达出一种竭诚为他人奉献的精神，必须表现出一种强烈的服务意识。

政治和企业不一样，但亦不可分。企业是要通过在经济方面的表现为政治服务的。考核一个企业的重大指标是它们在经济方面的表现。企业是社会或我们可以说是国家的器官。但是任何器官活着的使命都不是为了它们的本身，而是为了它们所服务的主体。正好像心脏、肝脏等器官服务的对象是作为主体的人一样。如果主体不存在了，器官的存在也就毫无意义了。器官为主体服务得越好，主体就越有生命力，活得越长久，器官当然也能活得越长久。所以企业的使命必须要瞄准它们服务的主体——顾客，而不是它们本身。这听起来好像有点在唱高调，但实际上就是这么回事。笼统地说我们企业的使命都是要创造顾客的价值。具体地说我们的使命是要在电子信息领域实现顾客的梦想。不管怎样说，我们都把企业的使命瞄准着我们的顾客。使命显然是一种带着一点崇高和庄严意味的信仰，虽然因人因组织而异，使命可大可小，或可长可短，但是它们的主流本质都必须表达出一种竭诚为他人奉献的精神，必须表现出一种强烈的服务意识。表现出“Everything I do, I do it for you!”（我所做的一切，全是为了你！）的完全彻底地为顾客服务的高尚气质。这好像是在说大道理。但这是完全符合自然法的。看一看在农场殷勤耕作的农民，如果他们没有一种对土地的虔诚的奉献精神，没有一种对庄稼的强烈的服务意识，如果他们对土地和庄稼斤斤计较讨价还价，不肯首先付出，那么他们会有好收成吗？当然，完全不排除在某些时候，尽管农民全心全意地付出和奉献，也有可能由于受不可抗拒的外力干扰而少收甚至是绝收的情况。但是他们除了继续奉献和服务，没有第二种选择，也不可能有第二种选择。我们的干部同样没有第二种选择。我们只有在这种精神和意识的驱使下才可能正确地行使我们的责任。如同企业是社会的器官一样，管理则是企业的器官，它的使命也不在它的本身，而在它所服务的主体，即企业。如果职业经理人没有对企业的强烈奉献精神，没有对企业的强烈服务意识，要他们担负起公司的使命确实是勉为其难。无怪乎任正非先生要说，“各级干部要提高自己的服务意识，加强自己的社会责任感（狭义）”。

使命需要创新

正是使命的不断更新和升华赋予个人和组织更大、更高的责任。

我们在强调创新的时候，不可忽略了对使命的创新。企业的使命，职业经理人的使命也是需要创新的。而且，它们是一种指导创新的创新。指导董建华先生扭转东方海外公司危局的是他对全体股东、对投资人、对家庭竭诚服务的强烈使命。完成了这个使命后，他本来是准备好好地享受一番天伦之乐的。香港回归之前，董建华在香港政界的知名度甚小，这与他做人一贯保持低调的作风有关。但是了解董建华能力的朋友则极力劝他参与第一任香港特别行政区行政长官的竞选。董建华当时未置可否，他需要寻找一个参与竞选的意义。据说他思考了三个月，然后果断地参与了竞选。众望所归，他以朴实的形象赢得了竞选。正是在那深思熟虑的三个月里，董建华的头脑里完成了一次观念的更新。他重写了他的个人使命，把他的服务意识由为自己公司的发达扩大到为中国香港特别行政区的繁荣昌盛，由为自己家庭的幸福扩大到为全体香港居民的幸福。这个超越了自我的新使命使董建华先生找到了人生意义的新真谛，指导他承担起了更加伟大的责任。

好的使命不一定都包含有醒目、绚丽的词句。但是所有的好的使命都表达出一个共同的明显主题，那就是服务。在某种程度上来说，正是使命的不断更新和升华赋予个人和组织更大、更高的责任。人类社会的发展史可以说就是人类的使命不断超越自我的发展史。人类把服务的使命由聚焦于自己的家庭扩大到自己的部落，由集中于自己的企业发展到整个商业生态系统，由坚守于自己的信仰到接纳不同的宗教，由坚守在自己的国家开放到整个世界。就这样，一步一步地，人类在使命的不断更新中把分布距离更加广阔，数目更多的人包容了进来。

我们的企业是由小到大一步步发展起来的。我们干部也是一步步由基层成长起来的。如果我们不能及时地更新我们的使命，加强我们为更多人服务，而是管制更多人的意识，我们的企业就可能出现官僚化，甚至封建化的现象。“门难进，事难办，脸难看，话难听”的现象绝不只是存在于某些官僚作风盛行的行政机关。很多企业在发展扩大的过程中由于其使命还是停留在创业时期的原始水平，所以当企业扩大以后同样地也出现了比较严重的技术官僚主义作风和封建的意识。管理两个字的强烈服务意识被抽掉了，而管制的成分变得越来越强了。管理在满足外部顾客需求的反应能力削减了，而对于满足内部需求的机制却被过分地强化了。基层单位的人员回到企业总部来办事虽然不一定会遇到脸难看，话难听的尴尬场面，但是门难找，人难见，事情不能及时办的情况还是经常发生的。如果在公司总部的走廊里看见带着顾客，找不到人的基层业务人员，急红了眼地在发牢骚，“老子在前方打仗……”那也不足为奇。

某些大公司的基层业务人员现在只是在迫不得已的情况下才回公司总部，总部给予他们的陌生感和冷漠感让他们产生一种另类的感觉，他们早已丧失了创业初期回总部的那种回家的亲切温暖的感觉。我们在建立公司的主要业务流程的时候，同样不能忘记建立为内部顾客服务的流程，而且它们同样也得精悍和灵活。

企业的首要责任不是寻找魅力无穷的“红舞鞋”，而是活着。企业正确的活法是以独特的核心竞争能力来创造出顾客所需要的真正价值。因为企业的核心竞争能力是由顾客的需求和市场来决定的，所以它实际上是一种能够对商业生态系统的变化作出积极主动反应，使其能够维持平衡的能力。这种能力就是职业经理人的首要责任。而具有强烈服务意识的个人使命则是使企业经理人能够承担和履行责任的唯一可靠保证。

我们的管理干部不论职位高低，不论资历长短，不论年龄大小，都必须牢牢记住管理使命中最为关键的两个字：服务！一个企业的经理人只要有了坚定不移的服务使命，操之在我的责任意识，再加上精悍灵活的业务流程，这样的企业还会不无往而不胜吗？

（选自 1999 年 7 月 1 日第 90 期《华为人》报，作者陈培根。编者有删节）

27. 核心竞争力 华为发展的永恒主题

华为是在艰难的学习中成长起来的。十年前，华为还十分弱小和落后，经过艰苦奋斗，终于在技术上和综合实力上跃上了一个层次。

华为所处的电子信息领域，是一个技术飞速进步、竞争异常残酷的领域，一些实力雄厚的有百年历史的跨国公司，正面临困境。华为处在竞争如此激烈的市场上，最大的感受是，企业所追求的长远目标，不是规模，不是市场份额，不是品牌，不是利润最大化，而是生存，是活下来。只有生存才是最本质的，最重要的目标，才是永恒不变的自然法则。而活下来靠什么，靠核心竞争力。不断增强核心竞争力，是华为发展永恒的主题。

坚持客户需求导向的技术创新

有效的创新，满足客户需求的创新，才是企业存在的价值。盲目创新是会付出惨痛代价的。

增强企业的核心竞争力要靠不断的技术创新，但离开了客户需求的创新是盲目的，技术创新如果迷失了正确的方向，反而会使企业陷入困境。我们不能对新技术产生宗教式的崇拜。

技术创新必须坚持以客户需求为导向。由于 IT 的快速传播，使科学研究互相交流的手段越来越快捷，计算机仿真手段也越来越发达，因而促使各种新技术领先客户需求的距离越来越远，超越客户需求的技术将不能很快产生经济效益，只有支付得起这种在新技术领域清洗盐碱地成本的公司，才有能力领导潮流。华为现在还没有能力这样做。由于相关公司追赶世界潮流的速度也很快，一些领导世界潮流的公司，他们是万米赛跑的领跑者，却不一定是冠军。而且后面追上来的公司，不需支付探索新技术失败所承担的成本和推广新技术、清洗市场盐碱地的费用，产品一旦及时投入市场，其成本无疑会对领先公司构成威胁。又要保持技术领先，又要符合现时的客户需求，这是十分难把握的一件事情。鉴于此，一些世界著名公司已明确提出仅领先竞争对手半步。他们纷纷从技术导向战略转为客户需求导向战略。

在技术创新应当是技术导向还是客户需求导向的问题上，华为也有过惨痛的教训。在华为发展过程中，曾经有过投入了巨大的人力物力开发出的产品，却由于过于先进，不能满足客户现阶段低成本的需求，以及周边环境未同步进步而最终失败的例子。只有在付出了巨大的代价之后，华为才认识到，创新必须紧紧围绕客户需求，围绕提高企业的核心竞争力。通过对客户需求的分析，提出解决方案，以这些解决方案引导开发出低成本、高增值的产品，这才是有效的创新。满足客户需求，才是企业存在的价值。盲目创新，会付出惨痛的代价。

华为与客户建立了十几个联合研究所，其目的主要是共同研究客户的需求。从满足客户需求的解决方案到产品设计和终身的售后服务，华为建立了一套集成的产品开发流程和组织体系，加快了对市场的响应速度，缩短了产品开发时间。

华为目前在系统设计和芯片设计等核心技术方面，已经达到世界先进水平。应用这些工具，只要紧紧围绕满足客户需求，短时间内就不会死亡。不过短时间不会死亡，不等于永远不衰退、不死亡。

专注成就专业

向核心领域收缩，做自己擅长的、高附加值的事情。

华为从创建到现在，实际上只做了一件事情，即义无反顾、持之以恒地专注于通信核心网络技术的研究，始终不为其他机会所诱惑。而且即使在核心网络技术中，也在通过开放合作不断剥离不太核心的部分。

华为发展到今天的规模，仍然保持着清醒的头脑，在投资上，坚持“压强原则”，集中资源，重点突破，决不拉长战线。在不断加大研发投入的同时，我们还大力开展世界范围的技术和市场方面的合作，与包括竞争对手在内的国际大公司建立战略伙伴关系。与TI[①]、摩托罗拉、IBM、英特尔、朗讯等公司成立联合实验室，在印度、俄罗斯、瑞典等国设立研究所。而且还在不断地收缩产品线与管理的内容。对于要剥离的非核心业务，动员员工内部创业，从食堂、物业、包装、加工、工程安装、机柜组装……已经创立了200多个公司，这些公司产权与华为无关，业务靠竞标获得。这种剥离将会继续深入下去，大大地减少了华为的管理压力，而且他们提供的服务比华为自己做的还要优秀。

华为早在1998年就明确提出“收紧核心，放开周边”的方针，专心致志于三个领域，即宽带交换、光传输和移动通信领域。华为目前员工人数达到19000人，其中研发人员9000余人，每年投入的研发经费占到销售额的10%以上。

企业的核心竞争力不光是技术，它是综合的、多方面的。未来企业

---

① TI是德州仪器公司的简称，它是全球领先的数字信号处理与模拟技术半导体供应商，亦是推动因特网时代不断发展的半导体引擎。

与企业的竞争，实质上是供应链与供应链的竞争。这条供应链，从与世界著名公司联合研发新技术的战略伙伴关系，到供应零部件的供应商，从客户需求、解决方案、系统集成，到工程安装、售后服务等伙伴的良好协调，这里面都构成核心竞争力的一部分。

对于非核心业务，我们尽量实行外包，同时逐步剥离后勤服务，实行福利社会化。

引进世界先进实用的管理实践，夯实企业管理基础

企业不是越大越好，而是越大越糟，甚至会掉入死亡之谷。克服死亡谷的关键是管理的规范性、科学性、合理性和稳定性。

企业的创新，包括技术创新和管理创新，他们如同车之两轮，鸟之双翼，缺一不可。

企业的核心竞争力，说到底是管理能力的综合表现。

华为开发的系统都是一些大型复杂的产品系统，如C&C08交换机、GSM、数据通信、WCDMA等，软件规模均超过千万行代码，都是由数千人在2到3年的时间跨度内，分散在不同的地域完成的。我们最缺乏的是管理大规模商业性开发的方法和经验。

从1998年起，我们开始系统性、大规模地引入国外管理咨询公司，建立基于IT的世界级的管理体系。

为了推行客户需求导向的产品开发，缩短产品上市时间，提高开发的成功率，以及为了确保按期交货，提高响应客户需求的柔性，在IT基础设施建设、集成产品开发和集成供应链管理上，我们与IBM顾问公司长期合作，老老实实向一家学好，“先僵化、后优化、再固化”。

不盲目地、支离破碎地改动大的流程与程序，直到学明白。IBM有开发大型产品与管理的经验，而且这些产品与软件20年后可能还要修改与优化，他们的管理模式是我们长期学习和研究的样板。在供应链管理上，我们不仅重视内部的流程优化，以及内部IT的支撑，而且十分重视上游供应商与下游供应商之间的伙伴性关系，与上游伙伴之间的合作如联合研发未来的技术、理论与策略的合作，与下游伙伴的合作如器件、芯片、加工等的供应。

华为的生产工艺和质量控制体系，是请德国国家技术应用研究院的专家帮助设计以及在顾问的指导下运作管理的。他们既为我们带来了精湛的工艺和科学的管理体系，也为我们带来了一丝不苟的敬业精神。

在任职资格和薪酬体系方面，我们邀请美国的Hay Group公司帮助设计[①]、指导实施。华为的内部员工持股制的改造，是请美国Tower公司提供咨询服务。这些著名西方咨询公司的建议和方案，进一步完善了华为以责任结果和关键行为过程为导向的价值评价与价值分配体系。

华为的财务体系是请KPMG和PWC公司设计的[②]，目标是实现财务四统一，即财务制度和账目统一、代码统一、流程统一和监控统一，贯彻以业务为主导、会计为监督的方针。财务四统一目标的实现，为建立集中统一又高度分权的全球运作体系奠定了坚实的基础。

目前我们正邀请美国Mercer公司[③]为华为设计以客户为导向的组织

---

① Hay Group指合益咨询公司，是一家全球性管理咨询公司，包括IBM、联合利华等众多“世界500强”在内的全球知名企业都在使用Hay的服务。

② KPMG是世界上最大的专业服务机构之一，中文名为毕马威，它提供三类主营服务，分别是审计、税务和咨询。PWC中文名普华永道国际会计公司，是由六大会计事务所中规模最小但声望最高的Price Waterhouse（普华）与Coopers & Lybrand（永道）成功合并组成的。

③ Mercer，美世公司，为全球四大HR咨询公司之一。

变革方案。华为清醒地认识到，在企业从一次创业向二次创业转换过程中，存在“死亡谷”，当企业的管理还达不到一定水平时，企业不是越大越好，而是越大越糟，甚至会掉入死亡之谷。一个成功公司的经验，不是随便可以放大的。克服死亡谷的关键是管理的规范性、科学性、合理性和稳定性。华为正处在一次创业与二次创业之间的死亡谷地带，如果我们的规范管理不能在以后的两三年内完成与国际接轨，华为有掉入死亡之谷的危险。特别是在信息产业，这种危险随时都可能发生。

我们正在努力建设一个IT支撑的，经过流程重整的，集中控制和分层管理相结合，快速响应客户需求的管理体制，再经过3～5年，也许可以说我们有了初步适用的管理。

建立可持续的、自我激励和自我约束的机制

企业核心竞争力，必须以公平的、可持续的价值评价和价值分配制度作保证。

高技术企业的竞争，说到底是人才的竞争。华为坚持人力资本增值的目标优先于财务资本增值的目标，尊重知识、尊重人才，但不迁就有功的员工；实行自由雇佣制，但不等于不能终生在华为工作。华为的研发、营销和运作主要是以团队方式进行的，这种运作方式决定了华为必须坚持集体奋斗的方针，在集体奋斗中怎么使个人充分发挥自己的潜能？关键是要给奉献者合理的回报，不让雷锋吃亏。

华为从创业初期，就实行了员工持股制度，增强了凝聚力，吸引和留住了优秀人才，使员工与公司共享成功、共担风险。

为了防止授权管理的经理人乱摊成本，以及为了探索资本与劳动如

何共同创造财富和分配财富的合理方式。我们试行了虚拟利润考核分配制度。所谓虚拟利润，即税后利润减去资本成本，加上增提的研发费和工资及员工获得的各种福利总额。它是企业每年新创造的可供劳动和资本分配的全部价值。虚拟利润发展了西方企业刚开始流行的经济增加值（EVA）考核奖励方法，基于分享制的机理，建立了劳动者自我激励和自我约束的分配机制，杜绝了管理者乱摊成本费用的现象。

建立公正的价值评价和价值分配制度所依据的根本原则，就是实事求是。华为取得的一点点成功靠的是什么，其实就是实事求是；华为之所以要收紧核心，放开周边，也是实事求是，因为我们没有能力管理太多的东西；华为虚心地引进国外最佳管理实践，先僵化，后优化，再固化，还是实事求是。没有学明白、运用熟练，就盲目优化，会破坏一个系统的科学性。华为是从小公司演变过来的，从没有管理过大型企业，缺少这方面的经验，不真正按部就班地改进，有可能适得其反；华为十多年的发展历程证明，什么时候实事求是了，企业就大发展；什么时候头脑发热或背离了客户需求，企业发展就会遇到挫折，就要付学费。实事求是，讲起来很容易，其实是最难做到的。

科技无国界，华为在实现全球化的过程中，要注意克服狭隘的民族自尊心，克服狭隘的华为自豪感，克服狭隘的自我品牌意识，加快自己的开放与融合。在供应链共同发展中，构建自己的核心竞争力，而不是孤立地形成自己的核心竞争力。不能为了自尊心、自豪感，使自己背上许多沉重的包袱，只有用最快、最有效的方法吸收人类共同的文明，改进提高自己，才能持续不断地提高核心竞争力，并且在进击世界市场的同时，不断增强适应能力。

总之，华为把增强核心竞争力作为企业的追求，把活下来作为企业的根本目标，把实事求是作为企业一切工作的原则。有了核心竞争力，我们就能够活下来。能活下来，我们就能以企业的发展，为国家民族的繁荣富强做出自己应有的贡献。

（选自2001年5月30日第117期《华为人》报，作者黄卫伟）

28. 资源是会枯竭的，唯有文化才能生生不息

人类所占有的物质资源是有限的，总有一天石油、煤炭、森林、铁矿……会被开采光，而唯有知识会越来越多。中国是一个资源贫乏的国家，且人口众多，人均占有资源在世界上排名很靠后，为此党中央已提出了“科教兴国”，以此提高全民族的素质和基础，同时强调要深化管理，使知识产生价值，以创造民族的财富。以色列这个国家是我们学习的榜样，它说它什么都没有，只有一个脑袋。一个离散了廿个世纪的犹太民族，在重返家园后，他们在资源严重贫乏、严重缺水的荒漠上创造了令人难以相信的奇迹。他们的资源就是有聪明的脑袋，他们是靠精神和文化的力量，创造了世界奇迹。

华为公司有什么呢？连有限的资源都没有，但是我们的员工都很努力，拼命地创造资源。真正如《国际歌》所述的，不要说我们一无所有，我们要做天下的主人。从来就没有什么救世主，也不靠神仙皇帝，要创造人类的幸福全靠我们自己。8 年来的含辛茹苦，只有我们自己与亲人才真正知道。一声辛苦了，会使人泪如雨下，只有华为人才真正能理解它的内涵。活下来是多么的不容易，我们对著名跨国公司的能量与水平还没有真正地认识。现在国家还有海关保护，一旦实现贸易自由化、投资自由化，我们还会剩下几个产业？为了能生存下来，我们的研究与试验人员没日没夜地拼命干，拼命地追赶世界潮流，他们有名的垫子文化，将万古流芳。我们的生产队伍，努力与国际接轨，不惜调换一些功臣，也决不迟疑地坚持进步；机关服务队伍，一听“枪声”，一见“火光”，就全力以赴支援前方，并不需要长官指令。为了点滴的进步，大家熬干了心血，为了积累一点生产的流动资金，至今 98.5% 的员工

还住在农民房里，我们许多博士、硕士，甚至公司的高层领导还居无定所。一切都是为了活下去，一切都是为了国家与民族的振兴。世界留给我们的财富就是努力，不努力将一无所有。

华为是一个功利集团，我们一切都是围绕商业利益的。因此，我们的文化叫企业文化，而不是其他文化或政治。华为文化的特征就是服务文化，因为只有服务才能换来商业利益。服务的含义是很广的，不仅仅指售后服务，从产品的研究、生产到产品生命终结前的优化升级，员工的思想意识、家庭生活……都包含在这个范畴之中。因此，我们要以服务来定义队伍建设的宗旨。我们只有用优良的服务去争取用户的信任，从而创造资源，这种信任的力量是无穷的，是我们取之不尽、用之不竭的源泉。有一天我们不用服务了，就是要关门、破产了。因此，服务贯穿于我们公司及个人生命的始终。当我们生命结束了，就不用服务了，因此，服务不好的主管，不该下台吗?

今天听到春节慰问团的工作汇报及来自前方服务人员的心灵呼喊，我们的心灵在颤抖。8 年来，我们的初期产品水平不高，质量也不好，却散布在中国 960 多万平方公里的土地上。而我们今天市场这么好，用户这么信任我们，是一俊遮百丑。用服中心的员工们，用青春和心血铺就了华为成功的道路。不管冰天雪地还是赤日炎炎，不论在白山黑水还是在崇山峻岭中，他们日夜不休，终年奔波在维修、装机的路上，用户的需要就是命令。严冬由于雪堵死了道路，一困七八个小时坐在零下二十多摄氏度的车上，炎夏挤在蒸笼般的超载的长途车中。大年三十爬上高高的铁塔，为了维修我们在研究、生产中的一点点小小的疏忽而造成的故障；当我们坐在温暖的办公室内，他们却为了赶不上车，在车站外面徘徊；当我们一遍一遍地受到培训，增加晋升机会，他们却因公司发展太快，服务工作跟不上，一直待在远离公司的地方，两年没回来过一次。当我们与家人团聚，他们在工作需要的地方，坚守岗位。不站好这班岗，哪里还有市场。当他们不断地守着我们早期有故障的产品，不敢停歇一会，以确保公司信用，在新技术方面跟不上公司的发展。当他们打电话向公司求援时，却受到“明白人”的斥责，说他们水平不高。我们这个时代最崇高的是责任心，最可贵的是蜡烛精神，他们照亮了公司消耗了自己。多么伟大的人格，多么高尚的情操，当我们获得辉煌时，他们仍然像萤火虫一样默默地发光，不管您知道不知道，他们都消耗着自己毕生的精力与心血，在闪着您成功后享受着五彩缤纷时，不曾注意的微光。

我们要重视培养干部资源，造就我们事业的中坚力量。在任人唯贤与任人唯亲相结合的干部制度下，造就一个融洽的管理队伍的团队。我们说这个任人唯亲是指认同华为文化，而不是指亲属。对拥有专业技术的新员工，我们要团结爱护他们，放在一定的岗位上使用，而不因暂不具有华为文化而歧视他们。

公司要坚定不移地贯彻做实精神，号召一切员工都要向用服中心学习。土夯实了一层，再撒一层，再夯。只有这样，我们才能不断地造就资源，实现可持续发展。要把精益生产落实到每一个员工、每一个环节、流程上，落实到我们每一个思维、每一个动作。如果我们这样做就一定可以像以色列一样在贫乏的资源上建立起辉煌的事业。

不要把学习英雄停留在口头上，要真正用心去学习。用服中心员工向我们展示的是什么呢？就是最具代表性的华为文化，只有它才会生生不息，把我们带向繁荣。

不要说我们一无所有，我们有几千名可爱的员工，用文化粘接起来的血肉之情，它的源泉是无穷的。我们今天是利益共同体，明天是命运共同体。当我们建成内耗小、活力大的群体的时候，当我们跨过这个世纪形成团结如一人的数万人的群体的时候，我们抗御风雨的能力就增强了，可以在国际市场的大风暴中去搏击。我们是不会消亡的，因为我们拥有我们自己可以不断自我优化的文化。

（本文根据任正非在春节慰问团及用服中心工作汇报会上的讲话整理，选自 1997 年 3 月 20 日第 46 期《华为人》报）

29. 华为企业文化的几个特点

华为靠企业文化聚合了 2000 多名优秀员工的意志，形成合力。它有几大特点：

宏伟抱负的牵引原则。爱祖国、爱人民、爱公司、爱自己的亲人与朋友在华为蔚然成风。它推动了华为的群体奋斗与奉献精神的长成，华为的企业文化离不开民族文化与国家文化。号召员工向雷锋、焦裕禄学习，同时奉行决不让“雷锋”吃亏，坚持以物质文明巩固精神文明，大力推进促进千百个雷锋成长的源远流长的政策。

为伟大祖国的繁荣昌盛，为中华民族的振兴，为自己与家人的幸福而努力奋斗的双利益驱动原则。没有为国家奉献的原则，我们就会变成一群自私自利的小人。现代高科技越来越复杂，越来越依靠集体奋斗。国外数千人干一个软件已不是什么新鲜的事了，只有不自私的人，才可能结成一个开放的集体；没有促成自己体面生活的物质欲望，没有以劳动来实现欲望的理想，就会因循守旧、故步自封，进而会滋生懒惰。欲望驱动，正派手段，使群体形成了蓬勃向上，励精图治的风尚。

实事求是的科学原则。华为在公司内部管理中，体现了看敬业精神、看责任心、看主流、看大节、看成效、看目标推进的干部评价原则，有效地促进了实事求是的作风的养成。对于工作中的错误，进行实事求是地评估，受处分的干部也不会升迁无门，避免了科研上、市场上、管理上的弄虚作假的作风，大大提高了管理效率。没有“三老四严”的作风，在华为很难当干部。只要坚持这种科学的过滤原则，一代一代地优化管理，那么我们离国际先进管理就会越来越近。

艰苦奋斗的工作原则。要在思想上艰苦奋斗，已为一部分骨干所理解。生活会越来越富裕，但工作需要越来越努力，休闲的时光要多去学习。不断地去提高你的工作质量，提高你的工作效率，降低工作的成本。要永远有一个危机意识，只有天天怕灭亡，才不会灭亡。新时代艰苦奋斗有不同的含义，身体舒适了，但思想上的奋斗更加艰苦了。否则，很快会被时代所淘汰。

官兵一致同甘苦。胜则举杯相庆，败则拼死相救的协调、合作原则。除了工作上的差异外，华为的高级领导，不设专车，吃饭、看病一样排队，付同样的费用……在生活中，高级干部与一般员工是平等的，不平等的部分已用工资形式付给了他们。因此，永不享特权，同甘共苦。

相互尊重、平等沟通、权威管理的管理原则。在华为，大家所从事的工作都各有不同，但必须在平等的基础上，加强多方多级、各层次的沟通，相互增进理解。部门领导人要把握公司的发展脉络，主动了解下属的工作状态和心态，下属也要积极向上反映自己的看法，提出合理建议。任何形式的尊重与沟通都必须建立在严格的管理之上。“决策民主化，管理权威化”是华为公司一贯坚持的管理原则。只有这样，才能激活员工的创造性，从而不断提高工作效率。

第六章

C H A P T E R 6

品质是我们的自尊心：对客户负责

30. 品格的成熟铸就产品的成熟

来到华为公司能从事开发研究工作是值得骄傲的。那些最早从事产品研发的人，曾是多么希望自己能创造出一个一流的事物，是多么希望用户能够相信自己。只要是自己的事业还在发展之中，他们就一定会像是一个有志气而不断进取的“穷小子”，只要是用户能够和咱们结成伙伴，就一定会让他们过上安稳的、幸福美好的日子。那一番苦心和憧憬在几代中研部人员的心中谁不曾有过？直到自己亲手创造的事物发展起来，并且真的到市场上一试身手的时候，却又显出力不从心或漫不经心的情况。这到底是我们的能力有限、还是我们的“品格”有所不足？——二者皆是我们不愿承认的。回想起一桩桩难以处理的糟糕“摊子”，翻开一页页工作中留下的败笔，有多少事件又是由于我们的特大错误而引起的？不是的，每每都是因为一些“小小的问题”，结果造成了严重的后果。在高科技行业，一个人才的培养和成长是不容易的，而且我们总是要面临许多未知的技术新领域。在先于我们能去创造的事物之前，以及我们能建立的一套“百战不殆”的手段之前，每一个工程师的品格的成熟都显得多么重要。也许一些人从来没有怀疑过自己的“品格”，只是不断地、反反复复地陷于尴尬之境地。

一般说来，一个严谨地从事研究开发的人员，总是会把系统越做越大，而胆子越来越小。这是由于明白了战胜一个个困难之艰辛，摆脱种种诱惑之惊险，以及能够走向成功之不易之后而养成的一种习惯。事情无论巨细，只要是自己承担起的职责，他就会想要去追求尽善尽美的结果。没有最好的参数是于心不安的，没有最好的性能是于心不安的，大家都说“差不多了”，他还是于心不安。这些人从来不表现过分的好奇心，因为做好本职工作已经是很不容易了；也没有所谓的苦不堪言的心情，能用自己的一份辛劳和智慧保证整个项目的成功本身就有无穷的乐趣。这就是现在我们一些人身上所缺乏的敬业精神！看着我们的产品在市场上有时候很不争气的样子，哪怕是相关的工程人员在开发的时候再向前走一步也不至于产生这样的结果。谁会原谅我们呢？我们又希望谁来原谅？每一个人想一想我们在研发工作中得过且过过几次吧，如果连这一点都想不起，或者自认是完美无缺的，那是令人心痛的。敬业精神不但有助于我们目前工作的进展，也可以使个体在事业上迅速自我超越，在品格上得到提升。

当我们的产品在市场应用中暴露出问题的时候，客观地说原因可能是多方面的。是不是使用得不当？是不是环境不好？是不是……作为研发人员听到异常报告的时候有时是会浮想联翩的。往往虚荣心会首先来保护我们自己。虚荣心会使我们只想呈现出好的方面，但于事无补。我们有没有在听到坏消息之后其实有点心虚？可能是有的。但每每我们会有相反的表现，表现得尤其“自信”。自信心本身是靠点滴的成功和经验积累起来的，有很多时候是在长期不断地微小进步之中忘却了失败的苦痛而终于形成的。很难理解为什么有的人先天地、自然地有一颗不可动摇的“自信心”。这种“自信”是否可以理解为是一种病态？唯其如此才不至于在各种合作之间相互推诿和责备。与用户的合作亦然，与各部门的合作亦然，与部门内部的同伴合作也是如此。我们是否经常在工作活动中听到“肯定不是我的问题，你去好好查一查吧”之类的言谈？其实现代科研是群体的工作，就算不是“我”的问题，但至少是“我们”的问题！中研人员要对产品的整个方面负责，其责任可谓大矣。在别人指出我们缺点的时候，实在是“真朋友”的“亲密”的行为，是何等可贵，却也使我们误会，这是很不正常的。一些高贵的人才非常“自信自尊”，背后却跟了一群“擦屁股”的人！很神气啊，很了不起的！——还是不要浮躁，自己的问题自己虚心去解决，不明之处要敢于承认、认真求教，这样方能在田园里培植出丰硕可人的果实。

当技术发展、市场竞争要求我们每个团队能去独立地判断问题、解决故障、创造成功之时，取得六十分的水平是远远不够的，九十多分也不行，最后几分才是最为可贵而且得之不易的。骄傲自大的行为，只能在“好成绩”面前迅速倒退；行业准则不明、职业化风格不足、不规范的动作、行险而侥幸的心态，如何能使自己成为一个负重而致远的人？我们远没有达到经常能直接创造极具价值的新事物而让人乐于接受的地步，尊重现实仍然是最起码的要求。用户的需求到底有多么复杂？可靠、功能、成本以及服务！我们实在没有必要把头抬得过高，或者把头埋得过低，最后陷入以反复推敲自身的不足为乐趣，来回跳跃于自己的陷阱为高明。更为糟糕的是自己终于还是疲惫了，一边被鞭打着向前奔赶，一边还不断地抱怨，喋喋不休。还有，要把解决问题的手段和经验如同猎手分享箭法般进行交流，而不必像是又躲过了一个鬼魂似的，余惊不断，讳莫如深。

就算是在目前反映“尚好”的一些产品中，我们肯定还是欠了用户一笔账的。用户说也罢，不说也罢，研发人员不应该忘记。我们还没有让用户的需求都得到满足，在与市场一起发展的新技术领域还有待我们去探索。当我们有了充足的思想和精神准备的时候，在能力与条件具备的时候，在不远的将来一定会给予偿还。知人者智，自知者明；胜人者有力，自胜者强。吃了苦头又有什么呢？有那么多人终于在战胜自我中日趋强大。我们相信，当我们的研发“品格”——工作作风、工作态度、工作方法成熟起来之后，一切都会成熟起来。

（选自1998年5月30日第68期《华为人》报，作者黄耀旭）

31. 品质是我们的自尊心

三月份，传输新干线实验室人员到达山东高密后于当天即开始工作，经过三天紧张地安装，网上八个点的SDH环网[①]已经全线开通。又过了四天时间，所有网络经过的业务全线割接，运行正常。局方人员和开局人员非常高兴，当夜局方为这次工程举行了庆功宴会。这一令人兴奋的消息随即也传到了公司，传输部的人员感到非常骄傲，相信中研部所有员工及公司的其他同仁也会有这样的感受。

第一次在重庆璧山开局取得较大的成功后，我们已经有那么一点点心理负担。尽管人们经历了勤奋的工作并同时也为之进行了最细致入微的准备，但能否再一次一切都非常顺利？过于希望事事都成功、必须成功的心情也是一种负担。市场是经不起破坏的，我们要避免人力的无端消耗，要维护公司及产品的形象，要全面保证用户的利益。这种担心也许是出于对这一项事业的热爱——“工作也值得我们去付出感情”——这个时候的新干线实验室人员已经有点难以抑制自己的紧张，或多或少地表现了出来。然而，正是因为辛勤和细致为我们创造了又一次成功的喜悦，使得这几天人们的精神也有所振奋，一段时间紧张的工作带来的疲惫已随即消失，同时每一个人又好像是带上了新的希望，匆忙而轻松愉快地继续向前。处在这种气氛之中，在平凡的工作忙碌之下，在放下了工作后的闲暇之间，我们真的又再一次体会到那种隐隐约约的感觉：品质是我们的自尊心——这个不知让我们感悟了多少回的念头，曾经

① SDH环网是指用SDH设备组成环网。环网有自愈能力，意思是一个环网如果其中一段光纤出现问题断开了，那么环网就变成了链网，一样可以进行正常通信。环网在物理上是环，但在逻辑上还是链，在断开一处时不影响正常通信，组成环的好处就是有自愈能力。

刺激着我们在思索中尽量缜密，在设计中万般细心，在调试的时候不得不一丝不苟，在困难的时候总是要执意前行。我们非常喜爱有这样一群伙伴能够团结在一起，他们有各自的爱好和理想，有丰富的知识和最活跃的思维，但能够在一起来做一件事情，一项我们称之为“我们共同的事业”的东西，每一个人都可以尽最大的能量付出，面对困苦和风险无所畏惧。但有一点是他们都非常敏感，也非常清楚的，那就是由于自强、自信和顽强的意志力等特质所带来的自尊心，容不得伤害，特别是“自己人”更不许如此。从他们的产品设计，他们的工作作风，以及他们的精神境界上都可以体现出这一点。

制造一个好品质的产品是我们的共同愿望，但品质不佳的东西，每每也是我们新手所为。听说我们的用服人员深夜还风尘仆仆地奔波在工作的路上，市场人员在有些用户比较生气的时候去赔上笑脸，以及有中试、中研人员长期努力仍无法治服的产品的顽症痼疾。对每一件事我们总还是多少感到有点不安甚至羞愧，而从不抱以任何的侥幸心理，因为责任也好，教训也好，二者我们都看得很重要。假如这样的事情正好发生在了 SDH 这样的产品上，我们可以想象，公司的人员可能还是会用辛劳代替怨气的，但那些成千上万的网上用户，岂不是要骂我们个狗血淋头？那才是不堪想象的。我们不希望总是得到别人的原谅，也不轻易原谅自己。所以，一个产品还在孕育的过程中，我们就应该赋予它良好的基因，在其成长的过程中，要赋予其良好的品质——这原本是一个开发研究人员的初衷，也应在实践中履行。自信和刚愎自用是截然不同的，一点点经验和强大的意愿交织在一起每每会导致人做出错误的事情。我们比较善于在书本上学到知识，也比较善于“独自地想”和“悄悄地找”，但也要学会多听一些建议和忠告之言，这比最后听到责难要好得多。所以在开发的过程中人们能向有经验的人询问，借助公司已有的经验给新干线实验室带来了很多好处，这种用虚心来保证品质的做法是非常真诚的。我们要持有正确的观点而不孤芳自赏，不自高自大；处在错误的立场也不遮遮掩掩，不顽固不化。在两次开局的过程中，新干线实验室人员在对用服人员和客户所说的话当中，最重要的一句就是"有什么问题请直接告诉我们"。显然是他们乐于去听到各种消息，而且是定下了让产品完善、让用户满意的决心。很多导致失败的原因事后想来是可以避免的，这其实就是我们总要一点也不松懈的原因。交货之前，我们可以看到部门里自己组织的一批批测试人员，很有规律地活动在传输新干线实验室。他们在对公务电话进行上千遍的接续，对业务接口不下数百遍地反复测试，网络软件功能全面启动并给予细致的挑剔，而设备工艺检查也进行了数十次。在一个新产品将要诞生之际，人们都很清楚自己的处境，这既是对我们工作的考验，也是一个我们去学习和发现问题的过程。大家有一个共同的认识：现在发现的问题要解决只需要一个小时，在网络上却可能要一百天。有了这样的认识，人们才乐于去怀疑自己，发现问题，就死死抓住不放。确实，解决一个问题通常不止一个小时，可能要到午夜之后，甚至彻夜不眠。唯有用这种勤勉之行，在一次次"通过"中才把忧虑给淡忘，然后渐渐地感到安心。这些方式方法让我们受益良多，这样的产品走出了新干线实验室后其他部门也会受益，也会对其给予应有的赞许。人们把智慧多用于去思考和设计，而把刻苦用在了具体的行动之间。中国制造"两弹一星"的时候，人们为了一次成功的实验总要查对上万个线路，反复成千道工序。谁愿意把缺陷留给别人？愿意在失败了之后再来伤心？我们必须用产品良好的品质来保证这一切。新干线实验室人员和许多中研部其他的伙伴一样，具有这种荣辱感。

保证产品良好的品质，需要人们为之付出艰辛的劳动，新干线实验室人员从来不轻率对待任何一项与产品有关的工作任务。因为工作品质的好坏与我们事业的成败紧紧相连，他们完全意识到了这一点。离开了实验室来到开局现场，一次是初冬时节，淡雾薄霜，树叶已经落尽；一次是初春时节，依然寒风料峭，枝头已经长出了新芽。这两种大自然最平凡的生命现象，还是让我们的开局人员产生了兴趣，因为在我们现在生活和工作的地方已难以看到这种景象了。在从机场到工程现场的路上，人们的心情还是比较轻松的。到达目的地，总有一位部门里的人前来迎接大家，这是我们为了工程上的进展顺利，提前到达局方进行联络的先锋队员。尽管通过电话、传真可与当地办事处或局方联系获得一些信息，但为了落实前期工程状况，派出一个先锋队员前往还是非常有必要的。他为大部队的到来做好充分的准备，为此后顺利的开局立下了汗马功劳。在第二次开局时，先锋队员带上了部门总结前期工作经验制成的“开局工程协调表”，这样既省事，局方也感到非常受重视，效率也提高了不少。每次开局人员到达后放下行装即开始了紧张的工作。抓紧时间是大家平时养成的习惯，何况带着这么重要的任务，大家更是争分夺秒。此后的几天之内总是这样，他们和局方工作人员同时上班，超过夜里十一二点甚至更晚才回到旅店。有时还要及时总结经验，分析问题，计划下一步的任务。工作真的很辛苦，大家也很投入。车轮在飞转，路途在延伸，工程在进展。开局人员脸上已经蒙上了倦意，一台台设备却精神抖擞地站立。每每只需要两三天时间，局方对他们由挑剔变成了关切，由怀疑到产生敬意。餐桌上气氛变得非常友好，人们除了讨论技术还谈论感情。细心的用户在一张张已经非常熟悉的面孔上又开始感到新奇：这些衣着朴素、举止谦和的华为人，到底……是什么力量让他们能如此作风有素、敬业如斯？……要说挑剔的话，开局人员对待自己工作的质量才是真正的挑剔，所有的线缆不整整齐齐排好，他们就不会住手；而每次割接之前，他们总要用湿毛巾把安装中沾上的灰尘都抹去，尽量让我们的设备干干净净，光彩照人。要说怀疑的话，也没有什么好怀疑，各种功能都可以反反复复地演示，只要设备一安装上，专用的仪器仪表就架在那里，就开始了最苛刻的测试。两次开局中，他们光荣地完成了任务，还传播了华为精神和华为文化，建立了华为人与用户之间深厚的友谊。两次开局，他们也得到了考验和锻炼，大大地增强了信心。他们是应该感到自豪和骄傲的，我们也应该感到自豪和骄傲。所有这些收获也绝非偶然，所以大家欣喜之后仍然带着一颗平常心，因为，良好的工作品质，必然会让我们自己满意。

我们选择了正确的方向后，仍然要面对许多困难，要付出艰辛的努力。新干线实验室人员能长期不懈、一丝不苟地对待工作，勤于思考、虚心求教，既能独立地面对艰难困苦，也能够互相帮助、团结合作；带着宽广的胸怀和崇敬之心，脚踏着最坚实的足迹负重致远；对于自己的成绩从来没有沾沾自喜的情绪，对待工作总是倾心尽力——他们的精神值得赞美。

新干线实验室人员，你们辛苦了！你们所付出的一切是值得的。你们所到之处流下的汗水是为父老乡亲流下的汗水；你们所到之处受到的欢迎，是父老乡亲对你们的欢迎。你们深知勤奋刻苦、默默奉献的意义，你们期望的是自尊自信、民族富强。当你们离开实验室的时候，我们感到时光是那般短促；当你们将要凯旋之际，我们感到时间过得那般缓慢。未来之路还很长，我们必须继续带着使命和希望，赶快奔赴新的任务。

人类活动的地方，文化在发祥，我们也会因为身在其中而倍受熏陶。研究人员默默地奉献，进军硝烟弥漫的阵地，华为人默默地工作，驰骋在疆场。你们的表达方式是那般含蓄，就正如人类默默地思考创造了更为丰富的世界，你们良好的精神品质铸就了你们的壮志豪迈，意气飞扬。

（选自 1997 年 5 月 28 日第 52 期《华为人》报，作者黄耀旭）

32. 企业存在的理由是什么

企业存在的理由是什么？

企业存在的唯一理由是能够提供符合客户需求的产品和服务。

企业能够活下去的唯一理由就是，它对社会还有用！

什么是客户服务意识？真正的服务意识要求我们，不仅要关注客户的需求，还要关注客户的客户的需求；不仅要抓住客户今天的需求，还要发掘、引导客户明天的需求。企业经营管理的实质，就是对客户需求的经营（本文的客户为广义的概念，包括内部客户、外部客户和合作伙伴等）。只有这样，我们提供的产品和服务才可能被接受，我们的客户价值观导向才得以实现。

什么是客户价值观导向？就是通过帮助客户实现其价值来实现我们自身的价值。推而广之，就是通过实现他人的价值来实现自己的价值。

这种把自己融入大环境中，使个体能通过有机的联系，就像巨人安泰俄斯通过把胸膛贴近大地母亲来获得力量那样[①]，不断从大生存系统中吸取生命能量，和大环境一起生存成长的理念，不仅应该在企业文化中占据核心价值观的位置，对我们端正个人人生观，也有重要的指导意义。一个企业，一个人，只有在心中真正把客户始终放在第一位，使自己对社会发展有用，才有存在的价值，才能活下去。

所以我们变革的目的，是为了提高对客户的响应速度和服务能力；

---

① 巨人安泰俄斯，古希腊神话中巨神的名字，传为海神波塞冬和地神盖娅所生。只要身不离地就能不断吸取大地母亲的力量，故力大无穷。

我们评价改进的导向，不是看技术功能是否越改越先进，流程制度是否越改越完美，而是看是否提高了客户满意度。管理和技术只是手段，任何为了改进而改进的意识和行为，都是危险的。

什么是企业的危机?

当管理者只关注技术和产能的增长而忽视了市场需求，正如大陆板块在缓慢而坚定地漂移挤压，海啸地震即将爆发；当市场工程师只关注手上的单子，而没有敏感地收集、反馈客户需求的新动向；当研发工程师信仰技术至上，搞拜技术教，而没有站在客户的角度去对产品的功能和稳定性尽责；当管理工程师每天忙于写制度流程，却没有多到一线部门走动，了解内部客户的需求，危机就生根发芽了。单子当然重要，技术当然重要，制度流程也不可缺少，但其存在价值的基石就是：满足客户的需求。

特别是当企业的规模增大后，一个随之而来的矛盾就是不可避免地有越来越多的员工开始远离最终客户。于是客户意识开始淡漠，自我意识开始滋长。具体表现在，我们准备提供的产品，不是经过充分调查后确定客户所需要的产品，而是我们认为客户应该接受的产品；我们制定的制度流程，不是符合一线业务运作需求的高效的制度流程，而是制定者认为理论上完美无缺的制度流程。这都是典型的以自我为中心，自我膨胀。一旦忽视了内部和外部客户满意度的提高和客户需求的变化，忽视了战略性转折点的到来，危机就降临了。

企业是因为对客户有用，才具有存在意义。如果以自我为中心，把自己的需求置于客户的需求之上，皮之不存，毛将焉附？所以企业在文化倡导和机制运作上，要将客户意识高效地渗透到每一个角落：每一位员工，不论在哪一类岗位上工作，都应该明确——我的客户是谁？他有什么需求？他的客户有什么需求？他今天的需求和明天的需求是什么？只有把客户意识真正融入思想意识和言谈行为中，才能和环境融为一体。这样的员工才能不下岗，这样的公司才能活下去。

把客户价值意识作为企业核心价值观

从更本质一点，即哲学的角度来思考——把客户价值意识作为企业核心价值观的意义究竟是什么？就是坚持唯物辩证观，尊重客观规律，以普遍联系和永恒发展的观点来指导我们的思想和行动；就是坚持系统论，明确结构（即要素和要素之间的关系）比要素更重要。企业只有认清自己是社会大系统中有机的一块，努力建设和优化与大生态系统的关系，把自己融入环境之中，才能不断获得新生。

任何渗透了唯心论、形而上学观的价值导向，以一种主观的视角来规划目标，都是心智模式上的自我孤立，是违反客观规律的，是难以运作的；任何靠机遇的垂青，而不是落实客户价值意识来获得的发展，都不会长久的；任何以自我为中心的意识，都会导致自我孤立，是抵挡不住寒流的侵袭的，是熬不过市场严冬的。这里的市场包括针对企业而言的产品、服务市场和针对员工而言的劳动力供给市场。

公司早就指出：成为一流电信设备供应商，只是服务客户、实现客户梦想的自然结果，而不是目标本身。“太多的案例告诉我们，成为世界一流企业，并不意味着能继续活下去。”同样，片面追求个人技能提高，而忽视服务意识的员工，是难有好的职业发展的。任何埋头于“自我实现”的企业或个人，都必然会被不断变化的大环境抛弃。

可见，企业之争的实质就是客户意识落实之争，就是看谁能通过设计、运作无孔不入的机制，使客户需求信息可以畅通地、高保真地、有序地渗透到企业的各个相关角落，进而激发出为客户在功能、价格、服务等全方位需求上提供的满足方案，并迅速兑现。如果一个企业能将客户意识真正贯彻到每一位员工的心智模式和行为模式中，渗透到组织设计、制度流程、岗位任职、绩效评价中，它就更具活力。企业及员工要忘记自我，要“无我”，要把自己的存在融入环境的存在中去。只有这样，才能“有我”，才有希望在不断变化的环境中生存下去。

（选自 2001 年 2 月 25 日第 114 期《华为人》报，作者殷志峰）

33. 对产品负责意味着……

对产品负责意味着要倾尽所有精力甚至生命到科研成果商品化过程的各个环节之中，在质量形成的所有环节，追求点点滴滴的品质改进；意味着在设计中创造产品的技术、质量、成本和服务的综合优势，包括产品的可采购性、可生产性、可操作性、可维护性、可支撑性、可升级性等；意味着通过对产品的持续完善，达到缩短商品化周期，提高商品化质量、降低商品化成本的目标。

科研成果向产品的转化是一个过程

科研成果只有商用化并取得市场的成功，才会成为真正意义上的产品。市场的成功要求必须实现技术领先、质量稳定、使用方便、易于生产、使用和维护，易于功能扩展升级，要求必须具有成本优势。一项科研成果只有彻底完成了向产品的转化，才能为市场所承认。

这种转化是一个过程，需要大量的投入，更需要研发人员殚精竭虑，孜孜以求，精益求精。这个过程或许是痛苦的，其程度并不亚于黑暗中的摸索；这个过程也是令人激动的，每一个前进步伐都会使我们更加真切地感受到与用户又贴近了一步。正是有了这样一个过程，一个与在崎岖的科学山路上攀登同样艰难的过程，才使得一项项科研成果真正转化为产品。

在这个过程中，我们必须立足于本职工作，树立牢固的文档、

BOM[1] 意识，写好每一份文档，填好每一份 BOM 清单；必须一次就把产品做好，而不是依靠频繁的版本升级来解决开发遗留问题；必须强调成本、服务和质量，在设计中构建技术、质量、成本和服务优势。

在这个过程中，我们必须不放过测试中的每一个问题，尽可能地消灭隐患；我们必须追求测试方法、工具的科学性、先进性；我们更要安于测试，甘于寂寞，板凳甘坐十年冷。

在这个过程中，我们必须认真执行客户拜访制度，建立对客户投诉的问题管理闭环体系；必须遵守行为规范，真诚地为客户、为下一道工序服务。

避免为创新而创新

创新的目的在于创造产品的技术、质量、成本和服务的综合优势，包括产品的可生产性、可采购性、可维护性、可操作性、可支撑性等。通过对产品的快速、持续完善，达到缩短商品化周期，提高商品化质量、降低商品化成本的目标。

任总在《全心全意对产品负责》一文中明确指出“从事新产品研发未必就是创新，从事老产品优化未必不能创新，关键在于我们一定要从对研究成果负责转变为对产品负责”。

那种刻意为创新而创新，为标新立异而创新，为追求局部的结果而影响产品的整体竞争效果的创新并不是企业所需的，仅靠天才与灵感相结合并不能产生产品。正如美国经济学家熊彼特所指出的，创新是将生

① BOM 指物料清单。

产要素重新组合，形成一种新的生产函数，其本质是为企业赢得市场。先进的科研成果并不足以保证市场的成功。两院院士王选说："……我并不满足于得奖，我更看重市场的成果。"MNI公司首先在世界上推出第一台CAT扫描仪①，并因此获得诺贝尔奖，从科研成果的角度来看，MNI取得了巨大的成功。但由于技术支援与服务体系跟不上市场要求，在市场上劣于竞争对手，该公司最终被收购。

简化一段流程，使之更加高效是创新；改动一根线条，使单板更加稳定是创新；用低价位芯片合理替代高价位芯片是创新；"拿来"一个程序用在我们的产品上，使之成本更低，运行更好是创新；甚至坚持不懈地进行产品容差设计，解决成本高、供应商单一问题同样是创新！在产品形成的任何一个直接或间接的环节中，都蕴含着创新的契机。

对产品开发全流程中的每一个环节负责

能否取得市场的成功是衡量我们是否切实从对科研成果负责转变为对产品负责的唯一标准。对产品负责就意味着我们的产品经理必须为开发全流程负责。

产品开发是符合系统性规律的，系统论的基本观点之一就是"整体大于部分之和，部分最优并不等于整体最优"。因此，每一个产品的负责人——产品经理，就一定要站在全流程的高度来看问题，对产品全方位负责。

---

① CAT扫描仪，又称计算机X射线轴向分层造影扫描仪，原本是用来探察太空元件瑕疵的技术，现在CAT扫描仪能使医生在术前更详细地检查有病的器官，也有助于医生对疾病作出正确的诊断。

研发体系改革明确了我们的目标：改革对研究成果负责的管理体系为对产品负责的研发体系，在设计中构建技术、质量、成本和服务优势，缩短产品开发周期，提高产品的商品化质量。研发体系的改革为我们实现对产品开发全流程负责的目标提供了组织基础。

产品开发是一个过程。市场机遇和技术等投入，汇集在这个过程中，其结果是产品。这个过程是可以被定义、结构化及管理的。任何一个过程都是可以被不断改进的。产品的综合优势正是在这个不断改进的管理过程中形成的。

建立科学的评价体系

价值评价体系是人力资源管理的核心，因此我们必须要把研发体系的价值评价体系建立在对产品负责的导向上。能力固然要肯定，但只有当不折不扣地履行了自己的职责，以工作成果的形式将能力表现出来时，才会得到肯定。责任和服务结果的标准对我们切实实现对产品负责，其重要性甚至高于能力标准。对于有强烈责任和服务意识的员工，也许他只是从最平凡的小事入手，为产品的优化、稳定只是更改了一个螺丝钉、一根线条，我们也要在价值评价时，对这种点滴的改进给予充分的认可。

干部任职资格和技术职称等级体系，以及我们的考评体系都将旗帜鲜明地将这种导向贯彻下去。正如任总所说，我们的评价体系将为“培养一批能团结合作的、具有高度责任心、有敬业精神的、踏踏实实的‘小’人”服务。我们的评价体系就是要促使更多的研发人员像杨岳峰那样，将别人认为难度不高却总也做不好的部分一次做好；像任茂林那样，热情、认真地对待可能是无功但必不可少的工作；像欧阳那样，通过“拿来主义”降低成本，提高质量；像楚庆那样，不以产品归档作为开发工作的结束，积极投入产品化过程。

责任心构筑优质产品

归根结底，我们每位研发人员能否有效地做到对产品负责关键在于我们是否具有一种强烈的使命感和责任心。

父母在对待自己的孩子时决不会任凭兴趣去关心他的某一方面，而是全心、全意、全面地关注、帮助他的成长。同样地，在某种程度上来说，产品就犹如我们自己的孩子，相信每一位曾为产品付出过汗水和心力的研发人员都能理解这种情感，当这种情感成为强烈的责任心、使命感时，我们就不会只关心产品功能的一方面，而是像关心自己的孩子一样注意它的方方面面，会注意每一个螺丝钉、每一行程序。有了这种强烈的责任心，我们就会认真对待产品的每一个器件构成，我们才不会有上亿元的呆滞物料的浪费；有了这种强烈的责任心，我们就会对产品出现的任何问题追根究底，宁可做可能无用但必不可少的工作，而任何一个细节的瑕疵都可能会使产品功败垂成，任何一份优化质量的工作都对产品有着重要的意义，没有任何一个用户会对不稳定的产品称赞其中某项技术的先进，市场不相信、不接纳局部的“高”品质，因此，我们只有在产品中切实做到全面为产品负责，才能真正获得市场的承认，才能获得产品的成功。

勇于自我批评，自我否定

不论是基于改正还是改进的原因，我们都要立足于本职工作，不断自我批评，自我优化，并落实到行动中去。自我批评，要求我们反省自己在工作中是否存在没有对产品负责的幼稚，编写代码不仔细是幼稚，放过内部测试中的问题隐患是幼稚；不服从安排，热衷于所谓新产品、新功能，不愿做优化维护是幼稚；投板、布线随意更是幼稚……自我优化，要求建立在否定自我之上，塑造对产品负责的新我，认真、严肃、尽心思考自己工作中的每一环节、每个细节，在点滴中改进，在改进中创新，在创新中促进产品的完善。落实到行动中，是我们自我批评、优化的根本目的，对产品负责的每个行为的改进，就意味着我们朝切实对产品负责的目标又迈进了一步。

研发管理者要勇于担起管理的责任，对内加强管理，对外加强服务；要从善如流，不惜以今日之我，去挑战昨日之我；我们每一个人应着眼实处，着手实事，着重实效，贯穿求真务实的精神，将对产品负责的理念融入生命之中。

（选自1998年12月10日第79期《华为人》报，作者技术干部部）

34. 关注客户变化的需求

企业要活下去，永远只有一条途径，那就是“关注客户需求”。不仅要考虑到客户未来的需求变化，也要关注客户现在的需求；不仅要关注已经显现的客户需求，还要分析、了解客户潜在的需求。只有比竞争对手多一些满足客户需求的机会，我们才能说自己有了生存和发展的基础。

然而，客户的需求是会变化的，比如德鲁克先生提醒我们人口数量和素质结构的变化会强烈地冲击客户的需求[①]。一代代人的价值观在不断发展，最终消费者的价值观变了，运营商的价值观必然会随之而变化。那么，设备制造商怎样满足客户需求，怎样服务于客户的需求？必须跟着进行调整。这就是企业生存的“生态链”。

所以，企业发展，“其兴也勃焉，其亡也忽焉”，跳出循环圈，长治久安的关键在于怎样关注客户需求，尤其是在不断变化的市场经营环境中，怎样抓住客户需求变化的机会点，迅速地抢占机会窗。

抓住一个客户需求，也许就挽救了企业，也许就造就了企业的一个跨越发展；错失一个满足客户需求的机会，带来的危险则可能是致命的。然而，在实际工作中，关注客户需求却是一个很系统、很值得探究的课题，弄不好，会走入一些误区，我们要警惕走入以下误区。

① 德鲁克先生是指现代管理学之父彼得·德鲁克。

参谋部永远代替不了司令官

高高在上，听不到客户的声音这是做企业最大的禁忌！听不到客户的声音，尤其是听不到客户的批评，就好像温水中的青蛙，危险已经降临却不知觉。为什么听不到？有两种可能，一是客户对我们的产品和服务极端不满意，失望之极，只得沉默；二是自身高高在上，拜访客户逐渐少了，时间被内部的琐事缠住了，说严重点，或许还因为我们逐渐沾染上官僚的习气，对客户不再像以前一样重视。从我们的队伍来看，第二种可能不得不警惕。

可以反思一下，我们的经理们，拜访客户、倾听客户声音的时间到底有多少，多接触客户对中高层主管来说尤其重要。没有与客户的直接交流，必然无法掌握到一线网上产品状况的真实情况，更别谈怎样去挖掘新的业务增长点、把握住产品及业务的方向了！多接触客户者兴、少接触客户者衰，个中理由，可用“客户是上帝”这句话涵盖。或许有人会说，我们设立了一些机构专门与客户接触，何必还要奔波跋涉？要知道参谋部永远代替不了司令官，固定的机构永远代替不了中高层经理人的管理直觉和影响力，因为责任和使命不同使然。要找业务源泉，唯有到客户中寻求，这对研发、市场等各“大兵团”的主管意义尤为重要。

“争第一”永远不是企业的目的

“老大”意识对一个企业尤其要不得，自认为是 ×× 第一，必促使自我意识膨胀，遮盖“客户永远第一”的真理。分析我们一些业务领域的失误，其本质是将自身的利益置于客户利益之上。典型表现是对客户的需求进行强行引导，客户明明需求 A，自己已有 B，于是强行引导客户认同 B 比 A 好。企业的价值源泉是客户价值的满足，B 毕竟不是客户需要的 A，此种做法的结果最终是客户不要 B，而我们的 A 并没有认真花时间去准备，客户只能遗憾地放弃与我们的合作，错失了机会点。

“争第一”永远不是企业的目的，有了“老大”的意识，必然背上包袱，并付出代价，何况我们在很长一段时间还是跟随者。所以，在确定研发业务和方向时，首先要尊重客户的需求，听明白客户的需求，而不是首先基于自我的利益去推销一套方案。要走出这个误区，解决方法是先清算我们脑海中的“自我”及“老大”，秉承唯惶者才能生存的信念，尊重客户，永远把客户的利益放在第一要位。

要抓住客户最本质的需求

企业经营环境错综复杂。如何去伪存真、由表及里，探流求源从而抓住客户需求的实质，便是关键。因为表象的东西必是众所周知的东西，我们知道，竞争对手也知道。而真正的机会点往往是隐藏在表象中的内在的东西，是潜在的，是需要我们去思考、去调研、去做层层剥笋般探究的。支撑企业发展的机会点，一定是“顾客未满足的需求”，说出来了，在某种意义上便不再是机会。

客户意见不等于客户需求

客户需求往往涉及方方面面，客户的需求其实也是分不同层面的。

据了解，某一软件产品线在一个月创下近千条市场反馈需求的记录。如果不加分析，全盘照收，必将疲于奔命，收效反殊。任总曾在研发1999年创业创新大讨论时明确提出："要弄清什么是客户需求，不能将客户的意见简单转化为客户的需求，否则我们的业务特性和功能，就会花花绿绿、五颜六色，最基本的客户需求却没有满足，基本功能不稳定。"客户的意见不等于客户的需求，正是对这种误区的高度提炼。曾花巨大人力、物力开发出来的特性，在用户那里根本没有使用的情况，在我们的一些产品中还是存在的。此外，对客户的意见缺乏足够的分析和过滤，没有进行需求验证，导致实现的产品特性不符合用户的实际期望，不得不返工和修正，也造成了研发资源的大规模浪费。只有在客户最需要的地方快速响应、高质量地满足，我们才能获得最大的客户满意度。

不可"抓大放小"

抓大市场、大机会，是业务拓展的一项重要战略。但凡事不可偏颇。华为正处于二次创业阶段，如何将企业办大，办得生命力长久？在这个阶段企业的经营环境有许多不可预料、看不清楚的因素。新的增长点在哪里？这个问题极其重要，但考虑这个问题时，不能将思维简单归为"大和小"的关系。况且客户的价值观也在不断改变，很多小的客户需求、一些微弱的声音，也许正代表未来发展的希望，犹如新的生命在其诞生之初的情形。切不可以简单地"抓大放小"，而错失或扼杀未来潜在的机会点、增长点。

任总在《华为的冬天》一文中告诫我们：谁能在冬天准备好棉衣，

谁就能在春天活得更好！衰退、困境之后总会迎来未来一轮发展。冷静沉着，抓住未来可能促进发展的机会，并做好准备，犹如在冬天锻炼身体、穿上棉衣。华为发展到现在的规模，如何再上一个台阶，如何活下去？此刻，我们比任何时候都应该更重视、分析客户的需求，并且更加小心、细心和敏感。

在变化中服务客户

未来的增长点一定来自我们未曾进入的或者占有率很低的市场领域。在一个占有率已经很高的市场，我们再想获得增长，其难度和代价可想而知。所以，在变化不定的年代，管理人不能将明天简单地理解为只是今天的延续。有很多新的情况，要求我们必须解放思想、开启智慧，并突破自我。包括突破那些曾经造就我们成功的原则，奉为经典的案例以及经营理念。从单一客户，到多运营商共存的客户关系格局，从运营商再到广大的企业客户，从直销到分销体系的建立，每一次的发展，便是对自我的突破。对客户需求的关注，要求我们必须对客户结构的变化有一个透彻的分析，及时根据不同客户群和细分市场的特点来调整我们产品与服务的内容。以前的成功发展，绝不能限制了我们突破未知市场的能力和勇气。

《孙子兵法》曰“兵者，国之大事，不可不察”。关注客户需求，则是企业的生命线，是企业的大事。以上所举，只是告诉我们将“关注客户需求”从理念变成实践，很复杂，并非一蹴而就。从企业领导到中层经理、到每个员工，需要大家一起来贡献智慧和激情，共同准确把握客户需求，思考清楚并把握住业务发展的机会窗，坚定地快速实施，拿出可靠的产品和服务。

关注客户需求，如果成为每个员工意识的一部分，每个工作岗位的职责，则华为在通往未来的道路上，必将走得坚实、久远。否则，如果我们不能正确、有效、及时地关注客户需求，就会像光绪听不到鸡蛋的价格一样，华为也就很危险了。

（选自2001年12月28日第124期《华为人》报，作者童国栋）

第七章

CHAPTER 7

跳出华为看华为：精神的力量

35.“反对”意见的价值

记得举世瞩目的三峡工程截流成功时，有位记者问工程负责人潘家铮[①]：“谁对三峡工程的贡献最大？”潘家铮说：“那些反对三峡工程和提出了许多不同意见的人贡献最大。”这话很有道理。持反对意见者从国力能否承受、移民如何安置、生态怎样保护、文物怎么保留等方面提出了一系列问题，使得决策者不能不研究怎样对付如此多的“不可行”。而当这些“不可行”被一个个解决后，真正可行的决策也便产生了，有可能产生的缺憾和浪费便得以消除。“反对”意见的价值也就在这里。

在上海巨型工程浦东国际机场的建设中，“反对”意见的价值似乎更具体。据介绍，这项工程刚刚动工兴建，华东师大陈吉余教授就提出了“反对意见”[②]：机场坐落的江镇乡、施湾乡濒海地带，是我国东部候鸟迁徙的必经之路，极容易造成鸟机相撞惨剧。机场的建设者接受了陈教授的意见，将机场从海堤内平移到海堤外，避开了候鸟迁徙的路线，也避免了至少60亿元的损失。

① 潘家铮，中国著名的水利水电专家，中国工程院原副院长、中国科学院和中国工程院两院资深院士。1985年他被任命为水利电力部总工程师，并于同年担任三峡工程论证领导小组副组长及技术总负责人，被称为“三峡之子”。

② 陈吉余（1921—2017），河口海岸学家。生前为华东师范大学河口海岸研究所教授、名誉所长、中国海洋湖沼学会名誉理事长、国际欧亚科学院院士、中国工程院院士。

耗资 8 亿元的先期工程成了“摆设”

当我们拒绝“反对”意见时，也就拒绝了正确。

在我国，投资效益可以说一直是件让人揪心的事，巨大亏损时有发生。若说这都是“拍脑袋”的结果，也不符合事实。许多项目在决策前，都搞过可行性研究。问题是大多只论证其“可行”，而鲜有提出“不行”的。还有一种情况则是，有些领导根本就无视“反对”意见的价值，或虽也面带微笑作洗耳恭听状，但“虚心接受却绝不改正”，等到实践证明投资不可行时，已悔之晚矣。

最近媒体披露的四川省攀枝花境内二滩水电站过木机道工程就是一例。该水电站所在的雅砻江是长江上游的主要支流，过去这里林区的年伐木量高峰时可达 100 余万立方米。有关部门决定投资 12.6 亿元，按年过木量 110 万立方米的规模建过木机道。这一决策当即遭到专家反对。专家认为，雅砻江生态环境已改变，森林覆盖率大大减少，建成的工程很可能将因闲置造成巨大浪费。可惜，这个“反对”意见无人理会。如今，随着国家长江上游天然林保护工程的实施，这项工程已停建，而耗资已达 8 亿元的先期工程也就成了“摆设”。

为了减少投资失误，有些地方建立了“决策失误赔偿制”。这对促进科学决策当然有着很大作用。不过，这种赔偿制度的局限性也是很明显的。动辄几百万、数千万、若干亿元的损失，哪一个人能够赔得起？象征性的赔偿，又怎能弥补已经造成的巨大损失？因此，避免投资失误恐怕还得在科学决策上多动脑筋。而比较可行的一种方法就是，在各种形式的可行性论证中多听听“反对”意见。反面意见是又一种判断，又一种思路，对正面意见是有益的补充。多听听反面意见，可以使决策更完善，减少失误的可能。正如美国管理学家杜拉克所说的：“管理者的决策不是从‘众口一词’中得来的。好的决策，应以相互冲突的意见为基础。”许多事实已表明，当我们拒绝“反对”意见时，也就拒绝了正确。

当“万无可驳”时再“拍板”

重视“反对”意见，先得去掉心中的“小九九”。

若问投资是干什么用的？谁都知道是为发展再生产，以创造更多的社会财富。但在许多人心里，实际上还有不少“小九九”：一是为大。有人投资就是为了争个第一，什么全省第一、全国第一、世界第一，似乎不搞出第一，脸面就不好看。二是“为赶超而赶超”。看到人家某项目赚了钱，马上就步其后尘。三是为争官。把铺摊子、上项目，当作取得政绩晋升的手段。心中有了“小算盘”，持“反对”意见者自然成了他们最不欢迎的人。在一意孤行之下，相当一些投资便成了肉包子打狗，不仅没创造出财富，反成为吞噬财富的漏斗。重视“反对”意见，先得去掉心中的“小九九”，真正做到凡事以国家和人民利益为重。

《郎潜纪闻》中说[①]，清朝有个姓尹的总督，遇大事必召下属会商。每次会商他都要讲：“我意如是，诸君必驳我；我解说，再驳之，使万无可驳而后可行，勿因总督语而有所因循也。”此中反映出的决策方式，恐怕仍值得今天的主事者们参考借鉴。果能如是，在对决策评估的可行性研究中，人们才能在研究“是”的同时，更注重研究“否”的一

①《郎潜纪闻》，著名史料笔记，清末陈康祺撰。全书四十二卷，内容主要记录清代政治、经济、文苑、典制、社会习俗等方面的史事，是一部内容丰富、材料广泛的史料笔记。

面，自始至终去研究什么是正确的决策，而不是仅仅研究什么是能被接受的决策。也只有当“万无可驳”时再“拍板”，投资效益才能最大化。

加大投资力度，扩大内需，仍是今年我们促进经济增长的主要措施。这从某种意义上可说是花钱“买”增长。不过花钱能不能“买”来增长，在很大程度上就看我们的决策是否科学了。为了我们的钱不白花，为了我们的钱少往水里扔些，决策中就不能不注重“反对”意见的价值。而面对即将到来的机遇与挑战并存的新世纪更应清醒的是：在一些至关重要的问题上，我们已没有再犯错误的余地。

（选自1999年2月8日第83期《华为人》报）

36. 不要去惊动别人的幸福

上学时，一个女同学趁小长假到外地与男朋友小聚。听说她是坐了二十几个小时的硬座去的，她同学忍不住说了句：我要是她男朋友一定给她买卧铺！没想到此话传到该同学耳朵里，让她很难受。虽然幸福要靠每个人自己心理调节，但是自己也要学会不去惊动别人的幸福！

路边有一地摊，摆地摊的是一个中年女人。一个中年男人骑着自行车过来送饭。他一下车，就谦意地笑道："对不起，来迟了，饿了吧？"女人抬起头，看到男人，眼睛里闪过一丝亮色，笑道："不急，还早呢。"男人憨憨地笑笑，从自行车车篓里拿出饭盒，坐在女人身边，说道："快吃吧，不要凉了，我陪你一起吃。"这时，地摊前走来了一个中年大嫂，她将头伸向女人的盒饭，发出惊讶的叫声："哎呀，我的大妹子啊，你可真苦啊，你吃的这是什么菜啊，一点油水也没有，这怎么能吃的下去啊！"说罢，嘴里还不住地发出啧啧叹气声，脸上露出讥讽的神色，扭着肥胖的身子走开了。女人端着手中的盒饭，愣愣地望着胖女人的背影，眼睛里噙满了泪水，那眼泪吧嗒吧嗒地滴落到手中的盒饭里。身旁的男人眼圈也红红的，捧在手里的盒饭，再也没有心情吃上一口了。周遭的气氛仿佛顿时凝固了似的，让人透不过气来。

儿子考上了大学，虽然是一所普通的大学，但是全家人依然感到很快乐很幸福，一点也没有感觉到有什么遗憾的。父亲对儿子说："儿子，你比你爸和老妈都有出息了。我只上了小学三年级，你妈才小学毕业，你在我们家可就是状元了。"儿子羞涩地笑了，笑得很甜、很舒心。全家人带着幸福和喜悦的心情，送儿子到车站上学去了。突然，有人拍了下父亲肩膀。他一看，原来是自己的一个熟人，也来送儿子上学。熟人问他儿子考上了什么大学，他刚说出校名，熟人脸上立刻露出惊讶的神色，说道："你儿子考的这是什么大学？那个大学上了也白上，那个大学毕业的学生根本找不到工作。我儿子可比你儿子强多了，他考的可是名牌大学，毕业了，人家单位都抢着要，月薪最少八千块。"熟人的脸上露出轻蔑的神色，说罢转身走了。一家人望着熟人远去的背影，目光一下子黯淡了下来。刚才一家人的幸福和甜蜜，随着熟人叽里呱啦一阵连珠炮似的自问自答，早已荡然无存，心，从火热降到冰点。再看帅气的儿子，眼睛里也噙满了晶莹的泪水。

不要惊动他人的幸福，幸福也是一个人的隐私。在你眼中看的是一种苦难，在别人的心里也许正是一种幸福。这种幸福，无关荣华富贵、无关名誉地位，有关的，只是一种心灵感应和默契。这种幸福，像花儿开放一样，悄无声息，但却将馨香留在对方心田里，化作了生命中的一种永恒和地久天长。

37. 丁大卫的故事

丁大卫是个美国人。我认识他是在电视上。这个美国人带给了我深深地感动。

我受到深深感动的这天是5月14日。中央电视台《实话实说》节目组请到了丁大卫。我打开电视，就听到丁大卫在与崔永元唠嗑。

崔永元老笑，而丁大卫很诚恳的样子。

丁大卫的故事是这样的：5年前，美国青年丁大卫来到中国。他到了中国一所最普通的郊区小学教学。这个美国青年因为做人与教学深得大家的喜欢，后来居然当上了校长。大概是1998年年底，想到中国西部去看一看的丁大卫到了甘肃兰州。他到西北民族学院（现为西北民族大学）应聘当大学教师。

丁大卫不是一个能侃的人，机智的崔永元是这样"套"丁大卫的："丁大卫，你去大学应聘的时候，是不是这样说的：'我曾是一名小学教师，积累了一些教学经验，所以来你校应聘大学教师？'"没想到丁大卫这样回答："大概就是这样的。"

大卫的话让现场很多观众都会心地笑了。但，更有意思的还在后头。

学校给大卫定的工资是每月1200元。大卫去问别人，1200元在兰州是不是很高了？别人说，是算高了。于是，大卫主动找到学校，让人把工资降到900元。学校一再坚持，大卫不让，说：怎么也不能超过1000元。最后，学校给他每月950元。

这段经历本来很好笑，但是我注意到现场没一个人笑。

崔永元问："大卫，你每月工资够用吗？"大卫说："够了，我每月的钱除了买些饭票，就用来买些邮票，给家里打打电话，三四百元就够了！”

我听见观众中有不少人“哇”的一声发出惊叹。我知道是有人灵魂受到触动了，而这种触动是我们的教科书和父母的教化所达不到的。

而真正让我感动的还是以下一幕：

别出心裁的编导在做这一期节目时，让丁大卫带来了他所有的家当：一只还不及我们平常出门旅游背的那么大而“内容”丰富的帆布袋。而让我们怎么也想不到的是，这便是一个美国青年在中国生存5年积累下的我们肉眼看得到的财富。崔永元让丁大卫向大家展示一下他的家当，大卫的脸红了一下，打开了他的帆布袋，里面的东西是这样的：

（1）一顶大卫家乡足球队的队帽。他戴着向人展示时，我看见了他眼里的骄傲。

（2）一本相册。里面是他亲人、朋友，还有他教过的学生的照片。

（3）一个用精致相框镶好的一家人温馨亲昵的合影（大卫从包里掏出时，相框面上的玻璃被压碎了，大卫的脸上露出不易察觉的心痛的表情。不一会儿，节目组的人把一个赶着去买来的相框送给了大卫。中央台这一看似平凡的举动令我感动和叹服，它是那么及时地体现了善解人意的内涵和我们对外国友人的尊重）。

（4）两套换洗的衣服。其中有一件军装上装——那是大卫爸爸年轻时当兵穿的，整整40年了。大卫向观众展示时，很有些骄傲地说：因为它漂亮啊！

（5）一双未洗的普通的运动鞋——那甚至不是一双品牌球鞋，大卫将它拿出来的时候，说什么也不让崔永元碰一下，他说：“这鞋很臭的！”

（6）饭盆、口杯、牙刷、剃须刀等生活必需品。

（7）一面随身带着的鲜艳的五星红旗。

当美国青年丁大卫将一面中国国旗打开，向现场的观众展示时，偌大的演播厅里鸦雀无声，现场乐队深情地奏响了《我的祖国》的旋律。

崔永元问大卫："你怎么会时时将五星红旗带在身边？"

丁大卫说："我时时带着它，就是为了提醒自己，我现在是在中国，我要多说美丽的中文，有人到我房间里来，看着墙上挂着的五星红旗，也会缩小我们之间的差距。再说，看到这面国旗，我就会告诫自己：你现在是一位中国教师，你要多为中国教书育人。"

丁大卫的普普通通的话，让我从另一个角度认识了我们的国旗，也让我的眼泪不听话地掉下来。

当崔永元问丁大卫在中国感觉苦不苦时，丁大卫说，很好的，比如这次你们中央台就让我这样一个平凡的人来做嘉宾，而且还让我坐飞机，吃很好的饭菜。

我看见崔永元有些不好意思地脸红了，他幽默地说："我觉得你挺像我们中国的一个人——雷锋！"

丁大卫想了想，说："还真有点儿像。"大伙儿"轰"的一声善意地笑开了。"只是，雷锋挺平常的，他只是一个凭良心做事的人，这样的人不应该只有一个，每个人都应该做得到的！"他认真地补充道。

没有人再笑了，就连崔永元的脸上都显出了小学生的表情。

节目快结束时，崔永元对丁大卫说："丁大卫，你听到过人家对你的评价吗？"丁大卫笑笑说："没有！"崔永元说："好，现在我们就让你来听听。"——我们于是看到了这样一组外采镜头：

许多丁大卫的同事，丁大卫教过的学生，以及学生的家长在镜头前交替着出现，他们一一地说着丁大卫的可敬与可爱之处，有的人情到深处时，甚至泪盈于眶。一个大学女生对着镜头说："丁老师从来没骂过我，但我真的好怕他啊，因为，我怕看他因我而失望的样子！”而最后我们看到的一个镜头是：丁老师教过的那所小学的孩子们，一个个争着抢到镜头前流着泪喊：你回来教我们吧！

我们看见，丁大卫不敢再看大屏幕，他深深地把头埋下。一个美国青年，却在中国得到了人世间最珍贵的东西，我的心为之一颤，眼泪再一次不听使唤地流下来。

朴素的平凡的甚至不怎么英俊的丁大卫，你是我最好的老师，你给我上了最有教益的一课——这样的一课，课本上是没有的。

我并不是很喜欢看电视的人，2000 年 5 月 14 日的中央台《实话实说》里的丁大卫却会让我记住一辈子。

（选自 2000 年 11 月 25 日第 111 期《华为人》报）

38. 凤凰的故事

Vicki告诉我她把新公司起名叫Phoenix Cars，因为她会像凤凰一样浴火重生。

前两年当我常驻英国的时候，出差时总是要往返于希斯罗机场和Basingstoke[①]，经常需要订出租车。一次偶然的机会，我知道了一家叫GR的高档租车公司也为华为服务。这家公司的收费只贵一点点，但是车辆全部是清一色干净整洁的奔驰车，司机衣冠楚楚而且彬彬有礼，让人很有“上帝”的感觉。于是我喜欢上了这家公司，但凡自己订车，非GR莫属。而且在订车的过程中，与亲自接单的公司老板Vicki也熟悉起来。电话中Vicki口齿极清楚，反应超敏捷，在我想象中她是个三四十岁的职业女性，非常精明干练的那种。

自从调到德国常驻后，再到英国的次数一下子少了。当我时隔一年再次踏上这个地方，同事帮我订的出租车司机就给了我一个下马威：抱怨我飞机晚点害他久等，在我要求他关上车窗时居然说“你又不是我的老板”。于是我打定主意，离开英国的时候一定要再用Vicki她们公司的车。

临到离开英国订车去机场之时，一个热心的同事又给我介绍另一家公司，说他们的车辆和态度也很好，而且还有秘书可以用中文接单。我一时好奇，就听从了他的安排，跟这家公司订了车。

来接我的司机很是出人意料，居然是个老太太，脸皱得像个橘子皮，怎么看都在六十岁开外。我很担心她听不见喇叭响，看不清楚红绿

---

① Basingstoke，译为贝辛斯托克，位于英国的汉普郡。

灯。可是我的担心马上就被证明实属多余。这老太太不但态度可亲，服务热诚，而且声音洪亮，动作麻利，车开得虎虎生风却又平稳安全。

老太太还相当健谈，路上跟我聊了起来。她说她十几年前从海外回到英国，五十多岁了，一无所有。为了养老她开始经营出租车业务，从一人一车起步，公司逐渐扩张到拥有十四辆奔驰、年营业额超百万英镑。而且她对司机们管理十分严格，有过必罚，因此绝不会有让客户受气的情况出现。

我越听越狐疑，小小的 Basingstoke 难道会有两家高档租车公司？我于是告诉她，我之前经常坐 GR 的车……“那就是我的公司！ Vicki 就是我！”

我的天哪，搞了半天居然是熟人！而且她也还记得我！让我感到惊讶的不止在于 Vicki 居然是个老太太，而且是一个曾经很成功的商界老太太。那她为什么会在花甲之年又重新当起了司机呢？

Vicki 告诉我，一年之前她就发现公司不太对头，经营得好好的公司居然会亏损。她审查账册才发现问题。公司的经理们在监守自盗，转移走了所有利润。更严重的是这些蛀虫已经利用一些卑鄙伎俩更改了公司的股权登记。她这个公司的创始人和大股东竟然被扫地出门，连用来接受订车的电话号码都被强行收走。老太太多方求告无门的情况下，不得不在年逾花甲之时倾其所有再置办一辆车，重拾司机旧业来谋生。

听到这些我惊讶得合不拢嘴。问她为何不寻求社会的帮助，“我知道那没用”，她淡然回答道，“其实我并不担心，虽然已经六十八岁了，可是我精力充沛，一周工作七天难不倒我。我还在招聘司机，一些老部下已经又找到我了，像华为这样的老客户也在回来。我会吸取以前的教训，一步步把以前的事业赢回来。而 GR 却在走下坡路，14 辆车亏得只剩 6 辆了”。她自信地说：“我会战胜他们的！”

在我三十多年的生命中，从来没有像此刻的心中这样充满了敬意甚至崇拜。我无法想象如果我自己在六十多岁时失去一切会变成什么样，悲愤？抑郁？以头抢地甚至自我解脱？而眼前这位老人，却在用她的行动和微笑告诉我，什么叫做坚强，什么叫做百折不挠。

像那个粗鲁司机那样的人是无法理解Vicki的。他们只能看到眼前一寸远的地方，只知道别人是如何对不起他的，然后用自己的讥诮和愤恨来报复社会。而我这样的人也只能做到Vicki的雇员的水平，顶多在得到良好报酬和指导的时候，表现出一点职业素养，但是经不起真正的挫折。但是真正的生活中的强者，就像这个老妇人，会体会、会想象、会创造。无论受到什么挫折，无论多么无助绝望，他们永远乐观，永不抱怨，坚信靠不懈的努力能够扭转命运。“我会战胜他们！”就是他们对命运的回答。我只希望用我一生的努力，能走到更靠近他们高度的地方。

Vicki告诉我她把新公司起名叫Phoenix Cars，因为她会像凤凰一样浴火重生。她说后来才知道凤凰在中国传说中是一种吉祥的鸟儿。我心里说，凤凰当然是吉祥的，吉祥是因为她有着烧不死的精神。

（选自2007年12月10日第194期《华为人》报，作者崔俊海）

39. 硅谷，生机盎然的坟场

作为世界高科技之都、著名科技天才的故土和一些全球发展最快的企业的总部所在地，硅谷这个名字本身就让我们联想起诱人的高楼和绵延不尽的电子工厂。商人们发疯似的讨价还价，电脑呆子在工作站没命地工作等情景会一一浮现在眼前。苹果、惠普、英特尔等公司成功的例子让那些希望加入第二次加州“淘金热”①的人看到了一举成名、富甲天下的美好前景。

然而，实际的硅谷与你们的想象却不尽相同。

平静外表下的高压

如果当一年美国总统要花费你十年的心血，那么在硅谷创业每年要花费你五年的生命。

第一次驾车前往，如果不十分清楚路线的话，你很容易错过101公路②通往硅谷的出口。所以，初次来访的人如果已经身在硅谷却还问：“硅谷还有多远？”实在不足为怪。

---

① 1848年，在美国历史上影响深远的事件发生了：当詹姆斯·马歇尔（James W.Marshall）在靠近科洛马（Coloma）的地方为约翰·萨特（John Sutter）建造锯木厂的时候，马歇尔发现了黄色金属片，后来被证实是黄金。到当年年底，马歇尔的发现已经掀起了在美国历史上最疯狂的淘金热。在1849年，来自世界各地的大批淘金者涌入加利福尼亚州，他们也被称为“49年人”。

② 美国101公路（U.S. Route 101 或 U.S. Highway 101，缩写为US-101）是美国国道系统中最西边的南北向公路，全长1519英里（2444.59千米），南起加利福尼亚州洛杉矶，北至华盛顿州奥林匹亚。

对那些不熟悉的人，硅谷差不多是隐形的。它就像一块理想之地。在这里，创造新的科技奇迹、一夜之间成为豪富已经使它成了一个神话般的高科技天堂。高科技？的确，硅谷在不断努力生产出影响全世界生活方式的技术和产品。至于天堂，只要你仔细看看那里的生活，就会知道远非如此。

在描述硅谷时，首先映入脑海的不是“快节奏”“压力大”等字眼。除非你深入工厂或公司里，不然用“手忙脚乱”来形容这块地方并不确切，除了上下班高峰时间，硅谷街上几乎没什么行人和车辆。

莱西克公司（Lexicus Corporation）位于帕罗奥多（Palo Alto）[①]。其创始人、首席行政总监罗年·内奇（Ronjon Nag）说：“我想，这是由加州的悠闲生活方式和永恒不变的‘夏日’气氛决定的。”

然而，外表可能是骗人的。一个与家人在街上漫步的人很可能就是电脑巨人。坐在街角熟食店餐桌上聊天的一对学生模样的年轻人，讨论的可能是正在开发的最新微型集成电路片，而不是公司里新来的女孩子。首席行政总监在门口迎接你，带你走进一间平平常常的办公室。他衣着随便，但他很可能正在开发将改变我们生活方式的新技术。

“硅谷的 1315 平方英里可能是世界上生产力最旺盛的土地。”管理大师汤姆·彼得斯说。一个当地公司的董事长补充道：“如果当一年美国总统要花费你十年的心血，那么在硅谷创业每年要花费你五年的生命。”

---

① 帕罗奥多（Palo Alto）是美国加州的一个城市，著名的施乐帕罗奥多研究中心成立于该市，该研究中心拥有许多高科技成果以及发明了很多高科技产品，如以太网、Smalltalk 程式语言、激光打印机、图形用户界面、鼠标等。

"心之愿山谷"

"在硅谷，成功光顾那些坚持得最久的人。"

的确，在硅谷平静的外表之下是一种高压锅式的状态。所有人那种争取无以言尽的财富和名誉的抱负都在为之添柴加火。硅谷体现了所谓的美国信念，即勤奋孕育成功。

现在被称为硅谷的这个微型集成电路之乡原来叫圣塔克拉拉山谷。它位于旧金山湾南端两个山脉之间：东为迪亚布罗山脉，西是对克鲁斯山。

远在圣塔克拉拉山谷成为世界科技之都之前，它被称作"心之愿山谷"。当时，它以另一种主要的生产活动——农业，而闻名于世。1971年，当地报纸的一位编辑唐·霍夫勒创造了"硅谷"一词，用以指明当地高科技产业的主要产品——半导体集成电路片，因为它的主要原料是硅。如今，这个山谷不仅盛产水果、大蒜、蘑菇，还出产微处理机、电脑及下一代高科技产品。

许多果园消失了，高科技产业已取代农业成了圣塔克拉拉山谷的血脉，但其地理风景依然充满了慑人的起伏山脉，夹杂着成片的工业区和住宅群落。尽管楼房星罗棋布，却没有几栋高过树林，更没有几栋让人联想到"高科技"。

从西南面而入，进入硅谷的第一站是其"首府"圣何塞。圣何塞现已成了美国主要的中心城市之一，但看起来仍是一派旧时小镇的风景。这说明了农业的根基，也可以看出它是加州最古老的城市之一。森尼韦尔、库比蒂诺和圣塔克拉拉是硅谷的中心，多数生产工厂都集中在此。

英特尔、Advanced micro Devices、美国国家半导体、苹果及天腾等大型公司的总部都设在这三个地方。

洛斯佳托斯、萨拉托加、洛斯阿托斯山等硅谷西边的郊外村落相当于洛杉矶的比弗利山、柏拉艾尔和布林特伍。这里，豪华跑车、优雅的住宅随处可见。沿硅谷再往上走就到了山景城。该市坐落在山脉与旧金山湾之间。这原是现在业已分裂的仙童半导体公司所在地。硅谷许多公司都是从该公司脱离出来的。

硅谷最上端是帕罗奥多。这里有著名的斯坦福大学和惠普公司。帕罗奥多通常被看作静谧的学术区，所以看起来是硅谷中最不像“工业区”的地方，只有十分之一的土地用作商业和工业用途。

硅谷的历史不过三十年，始于1959年。已故罗伯特·洛依斯在这一年申请了一项集成电路的专利。不过，如果没有另外两人的理想和追求，硅谷也不可能成为现实。

1885年，参议员里兰德·斯坦福和妻子为了纪念死于伤寒的儿子，捐赠了二千万美元和帕罗奥多的8180英亩土地，用以建立斯坦福大学。该大学采用德国的高等教育模式，特别强调科技并积极资助其毕业生开发各项技术项目。到二十世纪初，该大学赢得了电子学中心的声誉，并吸引了许许多多世界上最好的科学家和教授。

弗雷德里克·特曼是斯坦福最有才华的电子工程学教授之一，他在硅谷诞生的准备阶段起了十分重要的作用。特曼是各类知识的集大成者。他在学生中灌输了一种近乎宗教的信念，认为电子学将会改变世界。同时，他鼓励学生毕业后留在这个山谷发展自己的事业，而不要到东海岸的大公司谋职。

受他影响最深的两位学生是大卫·普卡特和威廉·惠利特。当特曼得知二位有意创建自己的公司时，就着力培养其创业精神。

1934年毕业后，普卡特受雇于纽约的通用电气公司。惠利特则去麻省理工学院攻读研究生课程。四年后，特曼为他们安排了奖学金，又把他们吸引回斯坦福。在分析了他们生产音频振荡器的打算后[①]，特曼教授借给他们538美元，并为他们安排了1000美元银行贷款。两位初露头角的企业家在他们帕罗奥多公寓后的车库里开始了创业生涯。他们第一笔大买卖是为华特迪士尼电影制片厂生产八个音频振荡器。这就是后来在硅谷所称的“车库里的两个家伙”的由来。

另一个催生了硅谷的关键人物叫威廉·萧克利。他与人合作发明了晶体管，他也是战后新一代科技企业家的典型代表：才华横溢，一心要做百万富翁。萧克利在新泽西州贝尔实验室的一个科研组工作时，就通过在斯坦福的熟人了解到这个山谷里电子业的发展。

1955年，萧克利离开贝尔实验室，在帕罗奥多建起了萧克利半导体实验室。在西海岸，这还是第一家这样的公司。由于很想与这个科技天才一起工作，东海岸八位年轻工程师也来到了这个山谷，加入了萧克利的公司，其中包括罗伯特·洛伊斯、高敦·摩尔和安德鲁·格格夫。

可惜的是，萧克利虽是个才华横溢的天才，却难以共事。八位新人对他无所不管的管理方式和专横霸道的作风十分失望，便于1957年集体辞职，开办了仙童半导体公司。这次变节曾受到许多人的批评，却为硅谷至今十分盛行的跳槽之风树立了榜样。

仙童公司在六十年代发展迅速，但各职位之间的派系之争使组织架构出现裂缝。这一点加上七十年代达到顶峰的硅谷创业狂热最终使仙童公司垮台了。

尽管如此，硅谷找不出一家公司，比仙童更强有力地影响这一地区的发展。洛伊斯、格鲁夫和摩尔于1968年退出公司，其他人也纷纷退

---

① 人们把人耳能够听到的振动频率称为音频（也有称声频），它的频率范围是20Hz–20KHz，低于20Hz的频率称次声波，高于20KHz的频率称超声波。能够产生20Hz–20KHz的振荡器就称为音频振荡器，它一般可作信号源来使用。

出，建立起自己的生产企业或风险投资公司。到八十年代初，硅谷有近五十家公司来源于仙童公司。

自那次变节之后，萧克利实验室便一蹶不振，最后于1968年关门大吉。威廉·萧克利可能并未得到他梦寐以求的财富，但他与弗利德里克·特曼一起将因为“硅谷”而被载入史册。

所谓硅谷梦，就是认定只要独自奋战或加入前景远大的新公司，就必将取得成功。尽管步履疾速如飞、压力巨大，但能坚持下来的人必将得到酬报，比如加薪、升职、增加优先认股权。如果公司十分热门的话，一夜之间成为百万富翁并不是什么不着边际的事儿。“在硅谷，成功光顾那些坚持得最久的人。”硅谷的十年老手乌曼·古普塔这样说道。他生于印度，七十年代初到美国，在俄亥俄州的肯特州立大学获得了工商管理硕士学位。毕业之后，在克利夫兰任IBM公司的系统工程师。

八十年代初，抱着开办数据库技术公司的理想，古普塔来到旧金山寻求风险资本家的支持，但却没有人理他。“现在回顾起来，觉得他们或许是对的，”他说，“那时，我太年轻，太没有经验，计划也可能太雄心勃勃了。”为了取得经验，古普塔加入数据库软件经销商奥罗科公司，主管个人电脑部。

1984年，古普塔决心豁出去了。他在门罗公园的一间小办公室里开办了个人电脑软件公司。由于一开始没有风险资本的支持，古普塔公司靠为别的软件公司编写普通应用软件而生。

“我要自己开公司，”这位四十五岁的企业家说，“我做好了等待电动机的准备。”十年等待终于一朝如愿，1993年，古普塔公司正式上市，第一个交易日的收市价就比上市价翻了一番多。公司现已发展成美国最大的个人电脑网络用户服务器软件供应商，其创始人也成了硅谷的百万富翁。

遇难者堆起的传奇故事

硅谷运作伦理的受害与成功者之比，很可能是十分之一。生活在硅谷中的人无不感受到了这种牺牲，但没人愿意承认这种事也曾发生在自己身上。

并非人人都像古普塔一样成功，在硅谷实现自己的梦想的人很少。圣塔克拉拉大学所做的一项研究表明，硅谷69%的新公司在头八年内要么被吞并，要么就破产。

但有关硅谷的宣传往往只盯着那些“超级明星”和“活传奇”：如史蒂夫·乔布斯和斯蒂夫·沃兹尼亚克，这是又一对“车库里的两个家伙”，他们创办了苹果公司；安迪·格格夫，大卫·普卡特和威廉·惠利特。耀眼的成功广为传扬，倒霉的失败却置若罔闻。

朱迪丝·K.拉森和艾薇莉·M.罗杰斯看到了硅谷的“遇难者”，因在其著作《硅谷热》中写道：“硅谷运作伦理的受害与成功者之比，很可能是十分之一。生活在硅谷中的人无不感受到了这种牺牲，但没人愿意承认这种事也曾发生在自己身上。他们不愿回忆失败、得不到升职、被裁员、目睹自己的公司破产。”

硅谷竟然能对自己的众多牺牲者置之不理，这是其最大的一个弱点。而不愿接受失败，也许又是其最大的优点。

一位硅谷问题专家迈克·梅隆写道：“局外人把硅谷看作一个成功故事，而实际上它是一座坟场。失败是其最大的特长，每一个失败的产品或企业都是一种教训，储存在人们的记忆之中。我们不仅不指责失败，有时甚至尊崇失败。那些风险资本家倒真的愿意看到在企业家的简历中有一个失败的记录。”

也许正是硅谷这种以轻松的心情接受失败的气量，把一大批人吸引到此试试身手。而对那些尝试过也失败过的人来说，则是来此继续尝试直到实现梦想，扬名天下。

罗年·内奇在英国出生，毕业于剑桥大学。1990 年到美国麻省理工斯隆管理学院攻读工商管理硕士学位时，手上已经有了一个语音识别专业博士学位。在获得工商管理硕士学位后，他来到斯坦福。

“我之所以把硅谷作为我的基地，是因为我听说过许多有关硅谷的事情。”三十二岁、看着像个孩子的内奇说。他创办的莱西克公司只有两年历史，但却是少数几个专门开发手写体识别软件技术的公司之一。它在技术上的发展如此惊人，引起了许多大公司的注意。1993 年，摩托罗拉公司全盘收购了莱西克公司。“他们只提供经济支持，”内奇说，“实际上，我们还是相当自主的。”

内奇补充道：“要想创办高科技公司，硅谷即便不是最好的地方，也是最好的地方之一。凡是创办企业需要的，人才、风险资本、市场营销专家，这里应有尽有。”

硅谷有很多因素培植高科技企业发展。其中，也许最重要的是可以得到大批受过良好教育、谙熟技术的大学毕业生。他们主要来自斯坦福、圣塔克拉拉和圣何塞三所大学。创业企业家在寻找科技人员时，不必为智力资源发愁。

硅谷成功的另一主要因素，是在高科技领域有广泛的联络网。在一个根植于快速创新的产业里，成功太依赖于信息交流了。

一位硅谷观察家在 Inc 杂志中这样写道：“硅谷推崇集体学习……各家公司之间一边激烈竞争，一边又通过非正式的交流或合作相互学习市场和技术的变化。”

风险资本对硅谷的成功也至关重要。如果不是那些风险资本家愿意把钱押在新创办的或有发展前途的公司身上，硅谷的发展也许不会有如此快的速度。

乍听起来也许无关紧要，然而阳光充沛的气候和那种自由自在的社会环境，与硅谷的成功也有很大关系。内奇说："既然能在这么迷人的气候里干得很好，又何必去一个少不得挨冷受冻的地方工作呢？更何况，这里还有迷人的沙滩、文化中心和优美的景色。工作之余如果想休息休息，只要开几分钟的车，就可以在海滩或山里轻松一下。人们的态度友善而随便，极适合进行必要的交往。"

初露头角的企业家迷上了硅谷。他们从东海岸、南部，甚至远自欧洲和亚洲蜂拥而至。他们拖着行李、带着一生积蓄，充满热情地赶来，眼里充满了希望的光芒，就像来到天国的朝圣者，欣喜地打量着周围的一切。

创新依然是硅谷生活的精髓。尽管它夺去了一些人的生命，尽管只有少数人能够成功的严峻事实摆在眼前，硅谷依然像弗雷德里克·特曼所希冀的那样，是培育天才的沃土。它将继续是世界科技创新的温床。在这里，才华横溢、雄心勃勃的青年男女正在创造未来。

（选自1999年12月28日第97期《华为人》报，作者Rachel Salazar）